HISTOIRE
DE FRANCE

EN VERS

SUIVIE

DE LA FRANCE INDUSTRIELLE

A L'USAGE DES ÉCOLES PRIMAIRES

PAR

MARITAN (du Queyras)

INSPECTEUR PRIMAIRE DE 1re CLASSE, OFFICIER DE L'INSTRUCTION PUBLIQUE, ANCIEN DIRECTEUR
DE L'ÉCOLE COMMUNALE SUPÉRIEURE DE GAP

CE LIVRE A EU L'HONNEUR DE FIGURER
A LA GRANDE EXPOSITION UNIVERSELLE DE PARIS EN 1878

DEUXIÈME ÉDITION

PARIS

IMPRIMERIE E. CAPIOMONT ET V. RENAULT
6, RUE DES POITEVINS, 6

HISTOIRE

DE FRANCE

EN VERS

SUIVIE

DE LA FRANCE INDUSTRIELLE

Paris. — Imp. E. Capiomont et V. Renault, rue des Poitevins, 6.

HISTOIRE
DE FRANCE

EN VERS

SUIVIE

DE LA FRANCE INDUSTRIELLE

A L'USAGE DES ÉCOLES PRIMAIRES

PAR

MARITAN (du Queyras)

INSPECTEUR PRIMAIRE DE 1ʳᵉ CLASSE, OFFICIER DE L'INSTRUCTION PUBLIQUE, ANCIEN DIRECTEUR

DE L'ÉCOLE COMMUNALE SUPÉRIEURE DE GAP

DEUXIÈME ÉDITION

PARIS

IMPRIMERIE E. CAPIOMONT ET V. RENAULT

6, RUE DES POITEVINS, 6

1879

A MON FILS PAUL

AGÉ DE 18 ANS

NOTIONS PRÉLIMINAIRES

—

GAULOIS

La France était autrefois appelée *Gaule transalpine*. Elle comprenait la France d'aujourd'hui, la Savoie, la Belgique et la Suisse. Elle était occupée au Nord par les Belges, originaires de la Germanie ; au Sud-Ouest par les Aquitains ; au Centre, au Sud et à l'Est par les Celtes qui étaient les plus anciens possesseurs de la Gaule.

Les Gaulois méridionaux furent initiés à quelques arts de la civilisation, d'abord par les Phéniciens qui venaient trafiquer dans la Gaule, ensuite par les Phocéens qui bâtirent Marseille 600 ans avant Jésus-Christ. Les Gaulois septentrionaux restèrent plongés dans la barbarie jusqu'à l'invasion des Romains. La religion des Gaulois était cruelle ; les druides, leurs prêtres, immolaient à leurs dieux des victimes humaines dans les forêts qui étaient leurs temples. Les druides avaient une très grande autorité ; ils dirigeaient tous les conseils et réglaient les procès ; seuls dépositaires des sciences, ils étaient les instituteurs de la jeunesse et il n'était pas permis d'écrire leurs leçons qu'on ne pouvait retenir que de mémoire.

Les Gaulois firent de nombreuses émigrations ; ils peuplèrent la Grande-Bretagne, le nord de l'Italie et une partie de l'Espagne. Leur courage et l'impétuosité de leurs attaques les faisaient redouter des peuples les plus belliqueux. Sous la conduite de Brennus, ils prirent et brûlèrent Rome, 390 ans avant Jésus-Christ. Jules César les soumit 50 ans avant la naissance du Sauveur ; ils furent dès lors, pendant 500 ans, asservis aux Romains et reçurent d'eux leurs lois et leurs arts.

CLASSEMENT DES ROIS DE FRANCE

On divise les rois de France en trois races ou familles qui occupèrent successivement le trône.

La 1re est celle des Mérovingiens. Elle a pris son nom de Mérovée et compte...................... 22 rois.

La 2e race, des Carlovingiens, du nom de Charlemagne............................... 13

La 3e race, des Capétiens, du nom de Hugues Capet, jusques et y compris Louis-Philippe..... 36

En tout............. 71 rois.

Le règne de la troisième race a été interrompu de 1793 à 1814. Pendant ces 21 ans plusieurs gouvernements se succédèrent en France. Napoléon régna avec le titre d'empereur de 1804 à 1814 et créa une quatrième dynastie.

Mettre l'Histoire en vers n'est pas facile chose,
Les noms propres, les faits, pendant que l'on compose,
Veulent être alignés, et, dans l'alignement,
Précéder tel sujet, suivre tel accident.
    « Nous voici, disent-ils, auteur, attention !
« Toujours la vérité, jamais la fiction ;
« N'oubliez pas surtout, vous qui nous exposez,
« Que c'est à des enfants que vous nous destinez ;
« Le jeune âge, on le sait, n'a de l'attrait pour nous,
« Qu'autant que l'on nous rend simples comme ses goûts. »
    Fidèle à cette loi, pour peindre notre Histoire,
Je me sers de ma plume, aidée de ma mémoire.
Mais mon chemin scabreux, fécond en soubresauts,
Ne peut me garantir un labeur sans défauts.
    Vous serez indulgents (j'en ai la confiance),
Vous, les fils éclairés de notre belle France ;
Et vous accorderez un souvenir d'amour
Au frère dévoué qui met ces vers au jour.
    Le dix-sept janvier[1], fête de saint Antoine,
J'ai conduit à sa fin ce vrai travail de moine.
Du père et de l'enfant sera-t-il bien reçu ?
Dieu le veuille ! En tout cas, j'ai fait comme j'ai su.

1. 1873.

HISTOIRE
DE FRANCE

EN VERS

INVASION DES CELTES (1580 avant J.-C.).

Abandonnant les bords de l'Indus et du Gange
Des Celtes insoumis l'innombrable phalange
Se jeta sur l'Europe, en peupla les déserts,
Depuis les grands sommets jusques aux bords des mers.
  Les sauvages Gaulois furent leurs descendants ;
Ils adoraient les lacs, les arbres et les vents ;
Ils étaient orgueilleux, irascibles, mais braves ;
Ceux qui leur résistaient devenaient leurs esclaves ;
Ils ne craignaient, dit-on, que de voir tout le ciel
Tomber sur leurs brebis, leur chasse, ou leur doux miel ;
Leurs prêtres [1], endurcis et superstitieux,
Par d'humains sacrifices apaisaient les faux dieux.

  Non contents d'occuper des Celtes les guérets,
Ils voulaient asservir Rome et tous ses sujets.
L'intrépide Brennus leur montre l'Italie,
Leur fait franchir les monts, les mène en Étrurie ;
Ils prennent Clusium.
              — De quels droits venez-vous

Mœurs des Gaulois.

Les Gaulois à Rome.

---

1. Les druides.

Troubler les Clusiens, aigrir notre courroux,
Dirent au chef gaulois trois députés romains?
  — C'est le droit du plus fort qui les met en mes mains,
Et ce droit va bientôt punir votre arrogance.
  Rome en effet tomba sous l'absolue puissance
Du farouche Brennus [1]. Rome, à l'extrémité,
Chèrement acheta la vie, la liberté,
Par une somme d'or du poids de mille livres,
A laquelle on joignit munitions et vivres.
  Comme on pesait ce prix, les Romains mécontents,
Reprochaient aux vainqueurs d'être trop exigeants;
Le barbare indigné prenant sa lourde lance,
Pour augmenter le poids, la mit dans la balance :
  « Malheur à vous, vaincus, dit-il dans son courroux;
Si vous me résistez, vaincus, malheur à vous! »

CONQUÊTE DES GAULES PAR JULES CÉSAR.
(50 ans avant J.-C.)

Jules César et Vercingétorix.

Le belliqueux César, vengeant cette insolence,
Vint soumettre à son tour la Gaule à sa puissance.
De Vercingétorix il battit les tribus,
Et put dire à son tour : Malheur à vous, vaincus!
Le nouveau chef Gaulois, pour sauver son armée,
Mit aux pieds de César son casque et son épée [2].
  Mais le hardi Romain ne se contenta pas
De la soumission du chef et des soldats;

1. 390 ans avant J.-C.
2. Les Gaulois furent pendant 500 ans asservis aux Romains. Nous voyons encore des traces des immenses travaux de ces derniers, des ponts, des aqueducs, des arènes, des palais ruinés.

Il prit son ennemi, l'attachant à son char,
Le promena dans Rome, et l'égorgea plus tard.
 Vaincus par les Romains les sauvages Gaulois
Ne formèrent qu'un peuple avec les mêmes lois.
 Saint Denis quitta Rome et vint, missionnaire,
Leur prêcher du Sauveur le dogme salutaire.
 Cependant peu à peu les bois furent détruits,
Et sur ce même sol des bourgs furent construits.

Le catholicisme pénètre dans la Gaule.

INVASION DES FRANCS. (420 ans après J.-C.)

 D'autres peuples errants vinrent de l'Allemagne
Et contre les Gaulois entreprirent campagne.
L'on y voyait les Francs, à l'aspect courageux ;
Leur nom de tous côtés s'était rendu fameux ;
Le plus vaillant d'entre eux les menait au combat,
Sa seule volonté dirigeait le soldat.
Sur les Gaulois-Romains ils eurent l'avantage
Et la Gaule du Nord fut dès lors leur partage ;
Les Burgondes à l'Est plantèrent leurs drapeaux ;
Du Sud les Visigoths peuplèrent les coteaux.

Invasion des Francs.

PREMIÈRE RACE. — ROIS MÉROVINGIENS.

PHARAMOND, CLODION, MÉROVÉE (De 420 à 458 après J.-C.).

Le premier chef des Francs s'appela Pharamond ;
Clodion-Chevelu fut élu le second ;
Il attaqua Cambrai [1]. — Sa mort, dans Amiens (448)
Fit choisir Mérovée pour chef aux Saliens.

Pharamond premier roi des Francs.

1. La victoire remportée à Cambrai sur Aétius, général romain, assure à Clodion plusieurs autres places jusqu'à la Somme.

Attila.   Il battit Attila. Celui-ci répandait
La crainte et la terreur dès qu'il apparaissait;
Sans peine il triomphait des rois sur son passage,
Jetant tous leurs sujets dans un rude esclavage,
Il conduisait les Huns des plaines d'Orient,
Et, vainqueur avec eux, soumettait l'Occident.
Il se faisait nommer *le vrai fléau de Dieu;*
Faut-il donc s'étonner qu'il fut craint en tout lieu?
   Le général romain, Aétius, l'arrête,
Dans les champs d'Orléans, l'attaque, lui tient tête,
Le poursuit vers Châlons[1]. Là, s'étaient mis aux rangs
D'un côté Mérovée à la tête des Francs;
Aétius, grand chef des troupes des Romains,
Enfin Théodoric qui tenait en ses mains
Des Visigoths le sceptre. — On voyait d'autre part
D'Attila, roi des Huns, dérouler l'étendard
Qu'appuyaient vaillamment les soldats intrépides
Du barbare Hardoric, alors roi des Gépides.
   L'acharnement fut grand; le carnage, cruel;
La bataille devint un immense duel;
Le sang coula par flots, si bien qu'en un moment
Un tout petit ravin devint un grand torrent;
Deux cent mille soldats restèrent sur la place,
A cet affreux tableau l'âme humaine se glace.
   Attila fut vaincu; s'enfuyant aussitôt,
Ravageant la Hongrie, puis les plaines du Pô,

Attila
à Rome.   Sur Rome il s'abattit, et la Ville Éternelle,
Fut sur le point de voir tomber sa citadelle.
Le pape saint Léon[2] se présente soudain
Et menace Attila du châtiment divin.

1. Châlons-sur-Marne (451).
2. Léon Ier, autrement dit saint Léon ou Léon-le-Grand.

L'épouvante est au cœur du barbare terrible
Qui, se sentant poussé par un bras invincible,
S'en va de l'Italie.

—

CHILDÉRIC Ier ET CLOVIS Ier (De 458 à 511).

Childéric-Premier [1]
Devint le chef des Francs; mais son cœur altier
Ne le fit pas aimer. Clovis [2], son vaillant fils,
Eut plus d'autorité sur ses sujets soumis.
    La Gaule alors était occupée par les Francs,
Et les Romains au Nord; à l'Est, les Allemands;
Au Sud, les Visigoths; à l'Ouest, les Bretons.
    Clovis défit bientôt les Romains à Soissons [3]; *Bataille de Soissons.*
Au partage commun, à l'issue du combat,
Un beau vase sacré fut le lot d'un soldat;
Clovis le lui réclame, et le soldat se fâche,
Puis le fend en deux parts d'un seul coup de sa hache.
Survint une revue; le monarque irrité,
Vengea sur ce soldat sa rude autorité;
De sa lance le roi lui partagea la tête,
« Souviens-toi, lui dit-il, du vase de la fête,
« Et meurs en ce moment de la même façon
« Que tu brisas le vase au butin de Soissons. »
    Clovis était païen et d'humeur violente; *Clovis se fait chrétien.*
Son épouse chérie [4], chrétienne très fervente,
Avait souvent prié son époux et son roi
De partager son culte et d'en suivre la loi;

1. Childéric Ier prit aux Romains Angers, Paris et Orléans.
2. Clovis Premier (481).
3. Bataille de Soissons gagnée sur Syagrius, général romain.
4. Clotilde.

Désespérés efforts. Le monarque endurci
De céder à ces vœux ne prenait nul souci ;
    Lorsqu'un jour de combat contre les Allemands [1]
Son armée faiblissait au centre et sur les flancs :
Clovis déconcerté, se tournant vers les cieux,
S'écria : « Dieu des forts, rends-moi victorieux ;
« Ne me refuse point aujourd'hui ton secours,
« Et je te servirai le reste de mes jours. »
    A ces mots, ses soldats, ranimant leur courage,
Font chez les Allemands un horrible carnage ;
Le roi de l'ennemi trouve au combat la mort ;
Sa chute fait changer de chaque armée le sort.
    Les Allemands battus se rendent à Clovis
Qui lui-même au vrai Dieu dès ce jour fut soumis.
    Occupé de son vœu, fidèle à ses desseins,
Avec ses combattants Clovis partit pour Rheims,
Où l'évêque Remi fit l'onction du chrême,
Et versa sur son front l'eau sainte du baptême [2] :
    « Courbe la tête ici, dit le prélat au roi,
« Et du christianisme embrasse enfin la foi ;
« Adore maintenant ce que ta main brûla,
« Brûle le dieu de bois que ton cœur adora. »
    Plus de trois mille Francs imitèrent l'exemple
De leur chef converti, puis dans le même temple,
Des mains de saint Remy prirent les onctions
Qui les firent soldats du Roi des nations.
    Après avoir soumis à ses lois la Bourgogne,
Clovis voulut aussi posséder la Gascogne ;
Dans ce but il battit, à Vouillé près Poitiers [3],

Clovis
à Vouillé.

1. Bataille de Tolbiac en 497.
2. Clovis fut baptisé en 497.
3. A Vouillé, les Visigoths furent contraints d'abandonner à Clovis
leurs provinces de Gaule, et de se retirer en Espagne.

Le roi des Visigoths [1]. Puis par des plans meurtriers
Il fit secrètement périr les autres princes
Qui gouvernaient des Francs les petites provinces.
  Clovis acquit ainsi, dans de courtes années,
Le pays qui s'étend du Rhin aux Pyrénées ;
Du royaume des Francs il fut le fondateur
Par les ressorts du crime ou les droits du vainqueur.
Il mourut à Paris qui fut sa résidence,
Et qui devint depuis celle des rois de France.

—

LES FILS DE CLOVIS Ier (De 511 à 561).

  Le royaume des Francs, à la mort de Clovis,
Dut être partagé entre ses quatre fils.

—

CHILDEBERT (511).

Childebert eut Paris. Mais de longues querelles
Ravivèrent entre eux des guerres fraternelles ;
Clotaire le premier [2], survivant aux débats,
Eut en son plein pouvoir de Clovis les États [3].

—

LES FILS DE CLOTAIRE Ier (De 561 à 628).

  A sa mort de nouveau ses quatre fils partagent,
Et dans des démêlés, derechef ils s'engagent ;
Quand ne suffisent pas l'exil et la prison,
Leur vengeance a recours au meurtre et au poison.
Caribert, Chilpéric [4] passent rapidement

1. Alaric.
2. Clotaire Ier, roi de Soissons.
3. Réunion de la Bourgogne à la couronne de France.
4. Chilpéric Ier.

Au trône qu'à Clotaire [1] ils laissent chancelant.

Brunehaut et Frédégonde.

L'histoire met ici les scandaleuses scènes
De deux méchantes femmes, indignes souveraines ;
Dans leurs rivalités, les intrigues, l'horreur
Armèrent tour à tour leur brutale fureur.
Ces deux reines étaient Brunehaut, Frédégonde
Dont les nombreux forfaits ont effrayé le monde.

—

DAGOBERT 1er (De 628 à 638).

Clotaire II mourant eut pour son héritier
Son fils qu'on appela Dagobert le premier.

Saint Eloi.

Éloi, savant ministre, orfèvre de talent,
Devint de Dagobert l'intime confident ;
Il obtint au pouvoir une bien large part ;
Il orna les palais des chefs-d'œuvre de l'art ;
Loyal, pieux, instruit, prudent et charitable,
Il devint de Noyon l'évêque vénérable ;
Mais malgré ses vertus, il ne put empêcher
Les excès vers lesquels le roi voulut marcher.
Dagobert à son fils [2] remit le diadème,
Ce fils ne sut pas mieux se gouverner lui-même.

—

ROIS FAINÉANTS (De 655 à 752).

L'histoire a fait porter le nom de *fainéants* [3]
Aux rois que Clovis deux eut pour ses descendants.
Savourant chaque jour du plaisir les attraits,

1. Clotaire II.
2. Clovis II.
3. Les rois fainéants furent : Clotaire III, Childéric II, Thierry Ier, Clovis III, Childebert II, Dagobert II, Clotaire IV, Chilpéric II, Thierry II, et Childéric III, qui mourant sans enfants, éteignit la race des Mérovingiens.

Ils laissaient le pouvoir aux maires du palais [1].
Parmi ces délégués l'on cite d'Héristel
Qui ne fut dépassé que par Charles Martel ;
Celui-ci commandant de bien vaillants guerriers
Écrasait Abdérame [2] aux plaines de Poitiers ;
Ce triomphe est, dit-on, insigne dans l'Histoire ;
Il couvre son héros de respect et de gloire ;
    Sans ce glorieux fait d'heureuse renommée,
L'Europe à l'Al-Coran se voyait entraînée.

— Fin de la Race Mérovingienne qui a occupé le trône pendant 330 ans, sous 22 rois.

(en marge : Maires du Palais.)

DEUXIÈME RACE. — ROIS CARLOVINGIENS.

PÉPIN-LE-BREF (752).

Pépin-le-Bref, son fils, successeur de Martel,
Au Saint-Père rendit [3] un service réel,
En combattant Astolphe, alors roi des Lombards,
Qui contre les Romains tournait ses étendards.
    La race de nos rois, la Mérovingienne,
S'éteignit en ces temps. — La Carlovingienne,
A la mort de Martel prit le sceptre français ;
C'est par un nom fameux que la race apparaît.

CHARLEMAGNE (768).

Ce nom est Charlemagne [4] ou bien Charles-le-Grand,

1. Les maires du palais furent chargés du soin de commander les armées et de rendre la justice ; ils furent plus puissants que les rois.

2. Les Sarrasins, commandés par Adbérame, furent battus à Poitiers en 732.

3. Le pape Etienne III, qui sacra Pépin-le-Bref, et qui reçut en récompense l'Exarchat de Ravenne. C'est par ce don que commence la puissance temporelle des papes. — Aquitaine conquise sous Pépin-le-Bref.

4. Charlemagne, fils de Pépin-le-Bref.

Nom par lui mérité plutôt que par son rang.

Disdier, roi des Lombards, voulut marcher sur Rome,
Mais Charles l'arrêta comme on fait d'un seul homme.

Charles voulut combattre un peuple belliqueux,
Les Saxons, commandés par un roi valeureux [1];
Ce peuple au cœur de fer soutint trente-trois ans
Une lutte acharnée contre nos combattants.

Vitikind subjugué, Charles battit l'Espagne
Et vit mourir Roland [2] pendant cette campagne.

Charles avait vaincu les peuples d'alentour;
Un prestige étonnant environnait sa cour;
Partout on admirait l'éclat de sa couronne;
On vantait sa puissance, on aimait sa personne,
Disdier, roi des Lombards, restait seul insoumis;
Il accueillait chez lui des Francs les ennemis.

Assiégé dans Pavie qui ne put se défendre,
Disdier dut demander au vainqueur à se rendre;
Mais Charles irrité l'enferma dans un fort
Dont il ne fut tiré que le jour de sa mort.

Léon III délivré des assauts des Lombards
Voulut du roi des Francs bénir les étendards;
En cette occasion, Léon reconnaissant
Proclama Charlemagne *Empereur d'Occident* [3].

L'Empire comprenait l'Italie, l'Allemagne,
La France tout entière et partie de l'Espagne.

Au milieu de la paix l'Empereur eut le soin
De rendre la justice. Il pourvut au besoin.

1. Vitikind, roi des Saxons.
2. Roland était le neveu de Charlemagne, et le héros des fables de l'Arioste.
3. L'an 800. — Le titre d'*Empereur d'Occident* fut conservé par les successeurs de Charlemagne jusqu'à Charles-le-Gros, puis il passa aux princes allemands.

Du commerce, et surtout des lettres négligées,
Il promulgua des lois sagement rédigées[1].
Ce grand prince mourut tout près d'Aix-la-Chapelle ;
La douleur de sa mort devint universelle ;
    La piété du roi l'avait fait imiter[2]
Autant que sa valeur l'avait fait respecter.

—

LOUIS-LE-DÉBONNAIRE (814).

    Charlemagne eut pour fils Louis-le-Débonnaire,
Qui, roi, ne soutint pas la gloire de son père,
Louis fut en querelle avec ses trois enfants ;
Dès lors il se forma plusieurs soulèvements
Parmi les étrangers soumis par l'Empereur[3],
Que la contrainte seule attachait au vainqueur.
    Les Bulgares à l'Est, au Sud les Sarrasins,
Triomphant, cette fois, en vinrent à leurs fins ;
Ils reprirent leurs mœurs, leurs principes, leurs lois,
Leurs terres, leurs États, leurs libertés, leurs rois.
    Pendant ce temps, au Nord, d'autres peuples sauvages, *Invasion des Normands.*
Les pirates Normands, exerçaient leurs ravages
Sur notre littoral. Nos populations
Etaient épouvantées de leurs incursions,
Et répétaient souvent dans le trouble et la peur :
« De la vue des Normands délivrez-nous, Seigneur. »
    La flotte des Normands arriva sous Paris
Vaillamment défendu, mais néanmoins conquis.

1. *Les Capitulaires.*
2. Charlemagne fut canonisé plus tard.
3. Charlemagne.

CHARLES-LE-CHAUVE (840[1]).

Le roi Charles-le-Chauve, à l'avis de sa cour,
Acheta des Normands l'immédiat retour ;
Mille livres pesant d'argent sept fois comptées,
Furent entre les mains des ennemis versées.
Ils revinrent pourtant sur les bords de la Loire,
Où Robert eut sur eux quelque temps la victoire.

—

CHARLES-LE-GROS et EUDES (885 à 898).

Le roi Charles-le-Gros, Eudes son successeur
Ne purent repousser ce peuple envahisseur[2].

—

CHARLES III (LE SIMPLE) (898).

Charles-le-Simple enfin termina la querelle
En accordant la main de sa fille Gisèle
A Rollon, chef normand. C'est de cette union
Que la Normandie prit son appellation,
Et qu'abjurant dès lors la croyance païenne
Par Gisèle on la vit se déclarer chrétienne ;
Cet accord fut heureux et l'on put espérer
De ne plus voir ces gens entre eux se déchirer.
Mais Charles fut livré bientôt par trahison
Et subit à Péronne une rude prison ;
Robert le remplaça quelques mois sur le trône ;

1. Charles-le-Chauve, fils de Louis-le-Débonnaire, eut pour successeur son fils, Louis-le-Bègue, qui fut lui-même remplacé sur le trône par ses deux fils, Louis III et Carloman ; ces deux derniers convinrent de régner ensemble. Le règne de ces trois derniers rois ne fut pas long et il n'offrit rien de remarquable.

2. Pendant que les Normands désolaient le Nord de la France, les Sarrasins ravageaient le Midi.

RAOUL (922).

Ce fut Raoul après qui porta la couronne.

LOUIS IV, LOTHAIRE, LOUIS V LE FAINÉANT (936).

Louis IV [1], Lothaire et Louis-Fainéant
N'eurent sur leurs sujets qu'un pouvoir de néant.
   Louis V [2] le dernier des Carlovingiens ;
Laissa son diadème aux rois Capétiens.

   — *Fin de la deuxième Race Carlovingiennne qui a occupé le trône pendant 236 ans, sous 13 rois.*

TROISIÈME RACE. — ROIS CAPÉTIENS.

HUGUES CAPET (987).

Hugues Capet, le chef de la nouvelle race
Au pouvoir souverain sut occuper sa place.
   Pour se mettre à l'abri des spoliations
Que faisaient les Normands dans leurs incursions,
Les chefs des grands châteaux, autrement les seigneurs,
Avaient bâti des forts sur toutes les hauteurs ;
Au moyen de ces forts qui commandaient les plaines
Leur pouvoir s'étendit ainsi que leurs domaines
A ce point qu'on les vit, tyrans de leurs endroits,
Détestés de leurs serfs, redoutés de leurs rois.
   Autour des châteaux-forts, de pauvres chaumières
Abritaient bien ou mal des races entières ;
Esclaves des patrons et leurs cultivateurs,
Ces malheureux, en tout, étaient les serviteurs
Du maître du donjon. Les pères de famille

Domination des seigneurs.

1. Louis IV, dit d'Outre-Mer, était fils de Charles-le-Simple.
2. Louis V. Ce roi ne régna qu'un an.

N'avaient droit sur leur fils, encor moins sur leur fille.
Ils étaient accablés d'impôts et de travaux ;
Ils réparaient les murs et creusaient les canaux ;
Ils labouraient les champs, ils abattaient les bois,
Le tout pour le donjon qui leur dictait ses lois ;
Le seigneur de son serf pouvait tout exiger,
Celui-ci n'avait pas le droit de transiger.

Plusieurs de ces seigneurs ne possédaient leur terre
Que pendant leur vivant et comme prix de guerre ;
Le seigneurial domaine, avec son château-fort,
Revenait au monarque au moment de la mort
Du maître jouissant. — Mais le roi, désireux
De posséder le cœur des nobles et des preux,
Décida que ces fiefs ne seraient plus repris,
Et qu'ils seraient transmis des seigneurs à leurs fils.

Hugues Capet[1] mourut laissant pour roi de France
Son jeune fils Robert qu'il fit sacrer d'avance.

—

ROBERT (996).

Robert fut un bon roi, chéri de ses sujets,
Mais il eut des chagrins, peut-être des regrets,
Berthe était sa cousine et le roi l'épousa ;
Le pape à l'union fermement s'opposa.

Le roi choisit alors Constance de Toulouse
Qui n'ayant point un cœur de reine, ni d'épouse
Le rendit malheureux. — Robert[2] meurt regretté ;
L'Église a reconnu plus tard sa sainteté.

1. C'est à Hugues Capet que l'on fait remonter l'institution de la *Pairie* en France.

2. Sous le règne de Robert le duché de Bourgogne a été réuni au domaine de la couronne.

Sous ce règne vécut Gerbert, savant prélat,
Qui, pape, gouverna l'Église avec éclat[1].

—

HENRI Ier (1031).

Henri, fils de Robert, devint le roi de France ;
Il fut inquiété par l'ex-reine Constance[2].

—

PHILIPPE Ier (1060).

Il eut pour successeur Philippe premier
Qui sut de ses sujets se faire apprécier.

Le roi de l'Angleterre alors vint à mourir,
Sans pouvoir de son trône assurer l'avenir.

Le duc de Normandie, Guillaume-Conquérant,
Au diadème anglais se porta prétendant ;
Il combattit Harold, son farouche rival,
Dont les prétentions eurent un sort fatal ;
Par le vœu du pays par les lois de la guerre,
Guillaume-Conquérant fut fait roi d'Angleterre.

Un autre événement d'un intérêt majeur
De Philippe augmenta le renom et l'honneur.

Les croisades.

La Palestine alors, notamment les lieux saints[3],
Se trouvaient au pouvoir des fameux Sarrasins ;
Ces peuples musulmans faisaient subir l'outrage
Aux pieux voyageurs dans leur pèlerinage.

Un noble d'Amiens, devenu religieux,
Partit pour visiter à son tour les saints Lieux ;

1. Gerbert, évêque de Reims. devint pape sous le nom de Sylvestre II.
— Les horloges à rouages ont été inventées sous le règne de Robert.
2. La reine Constance était la belle-mère de Henri Ier.
3. Première croisade (1095).
— Le Berri a été acheté et réuni à la couronne par Philippe Ier.

Il revint indigné des profanations
Dont il fut le témoin, et des exactions
Commises par un peuple infidèle et farouche[1];
Il les raconte au pape[2], en personne, et le touche;
Pierre l'ermite était ce zélé pèlerin.
Le Saint-Père l'engage à se mettre en chemin
Pour prêcher la croisade ou la guerre sacrée
Contre les Musulmans. Cette œuvre consacrée,
Pierre l'ermite part, monté sur une mule :
Délivrons les Lieux saints! Telle était sa formule.
Le corps demi-vêtu, tenant en main la croix,
Il fait entendre à tous et sa plainte et sa voix;
Il parcourt les cités, les châteaux et les cours,
Il ranime les morts, et fait ouïr les sourds;
On s'agite partout à l'appel de l'apôtre :
Partons, car Dieu le veut; ce devoir est le nôtre;
Croisons-nous! croisons-nous! dit-on de toutes parts,
Et vers Jérusalem portons nos étendards.
Alors le pape Urbain réunit un concile
A Clermont, en Auvergne. On vit dans cette ville
Des comtes, des barons, des prélats et des rois
Venir pleins de courage et de tous les endroits;
La croix d'étoffe rouge apparut aux habits
Des princes, des sujets, des grands et des petits;
Nobles, roturiers, serfs, esclaves, vassaux,
Au cri de *Dieu le veut* levèrent leurs drapeaux;
Parmi les vaillants chefs de l'expédition,
On distinguait surtout Godefroy de Bouillon;
Aucun n'avait autant de bravoure et de zèle;

1. Les violences exercées par les Sarrasins ou Musulmans sur les
chrétiens de la Terre-Sainte.
2. Urbain II.

Des pieux pèlerins il était le modèle ;
Élu grand général de ces grandes armées,
Il parvint non sans peine aux lointaines contrées
Qu'arrose le Jourdain. Cependant les combats,
La misère, la peste et l'ardeur des climats
Avaient atteint la foule, isolée et sans guide,
Partie devant Bouillon et loin de son égide.

    L'armée de Godefroy[1] s'empara de Nicée ;
Sous ses coups Antioche était aussi tombée,
Voilà Jérusalem ! dit-on de toutes parts ;
Les croisés en effet étaient sous les remparts
De la ville où mourut sur la croix le Sauveur ;
On en poussa l'attaque avec beaucoup d'ardeur,

    Après de longs efforts les Musulmans cédèrent ;
Jérusalem fut prise et les croisés entrèrent[2],
Ils firent la visite avec émotion
Des lieux où Jésus-Christ subit la passion ;
Godefroy fut fait roi de par la Terre-Sainte,
Mais il ne voulut pas que sa tête fut ceinte
De la couronne d'or, puisque le Fils de Dieu
Avait eu sur son front et dans le même lieu,
La couronne d'épine. A la guerre nouvelle
Philippe ne prit point une part personnelle ;
Il employa le temps à soumettre à sa loi
Les orgueilleux seigneurs rebelles à leur roi ;
Il affermit son trône, étendit ses États,

1. L'armée de Godefroy ne comptait plus que 60,000 hommes quand elle arriva aux portes de Jérusalem, et l'on porte à plus de 600,000 hommes le nombre des croisés de cette première expédition.

2. Les croisés prirent Jérusalem en 1099.

— C'est pendant les croisades que prirent naissance les armoiries des seigneurs.

— Les ordres religieux et militaires des chevaliers de Malte, des Templiers et des chevaliers Teutoniques, s'établirent pendant les croisades.

Agrandit son domaine, aguerrit ses soldats ;
Puis il associa Louis-le-Gros, son fils,
Au pouvoir souverain, dès qu'il fut bien assis.

—

LOUIS VI, *dit le Gros* (1108).

Affranchis-
sement des
communes.

Nous avons dit plus haut l'inique autorité
Des seigneurs sur leurs serfs, leurs droits, leur liberté [1] ;
Le roi Louis-le-Gros, tint à l'insigne honneur
D'être de ses sujets le zélé défenseur ;
Au conseil de Suger il traqua leurs tyrans
Qui ressemblaient assez à des loups dévorants.
Ses soldats s'ajoutant aux soldats campagnards
Poursuivirent partout les despotes épars.
Le bon Louis-le-Gros permit à ses sujets [2]
D'administrer eux seuls leurs communs intérêts ;
Les communes dès lors ayant pour chef le Maire
A la loi des seigneurs voulurent se soustraire ;
C'est ce décret précis, heureux et important,
Qui des communautés fut l'affranchissement ;
Honneur à Louis VI qui fut notre sauveur
A ce roi généreux, honneur, trois fois honneur !

—

LOUIS VII, *dit le Jeune* (1137).

Suger
et saint
Bernard.

Louis VII succédant à Louis VI, son père
Eut Suger pour ministre et pour ami sincère ;
Mais il n'écouta pas le ministre et l'ami,
Et, passant en Champagne, il saccagea Vitry ;

1. Il n'y avait plus en France d'hommes vraiment libres que les ecclésiastiques et les seigneurs ; tous les autres étaient plus ou moins esclaves.

2. L'affranchissement des communes, la création des justices royales, l'usage de solder les troupes furent des innovations importantes qui devinrent le fondement de nos libertés publiques.

Treize cents habitants, enfermés dans l'église,
Furent enveloppés et brûlés par surprise[1] ;
Bourrelé des remords de ce crime royal
Louis VII prend conseil d'un autre ami loyal,
Cet ami, c'est Bernard, digne abbé de Clairvaux,
Qui lui dit d'équiper ses soldats, ses vassaux,
Pour ouvrir d'Orient la seconde campagne,
Aidé de Conrad III, empereur d'Allemagne,
Afin de secourir Beaudouin III aux lieux saints,
Qu'attaquait vivement l'armée des Sarrasins.

De son côté Suger, combattant ces projets,
Dissuadait Louis par des motifs secrets ;
Mais Louis persista. Les croisés mis en route[2]
Furent bientôt surpris et jetés en déroute ;
A peine si les rois purent s'en revenir
Sans soldats, sans drapeaux, mais non sans repentir.

Ce revers augmenta de Suger le crédit,
Car il l'avait prévu, puis il l'avait prédit ;
En l'absence du roi, cet homme dévoué
Montra les qualités dont il était doué,
Il conduisit l'État avec honneur et gloire
Et mérita par là l'éloge de l'histoire ;
Louis VII, en retour lui donna pour la vie
Ce titre glorieux : *Père de la Patrie.*

—

PHILIPPE-II-AUGUSTE (1180).

Louis VII, à sa mort, conféra le pouvoir
A Philippe, son fils, qui comprit son devoir,

1. Ces personnes furent brûlées dans l'église où elles s'étaient réfugiées. — Acquisitions du Poitou et de l'Aquitaine par le mariage d'Éléonore, héritière de ces duchés, avec Louis VII, roi de France.
2. Deuxième Croisade.

De belles qualités distinguèrent ce roi ;
Il obligea les grands à respecter la loi ;
Il agrandit l'État, réprima le désordre ;
Il assura partout le travail, la paix, l'ordre ;
Reçut le nom d'*Auguste* et ce nom mérité
Affermit le respect de son autorité.

Pour venger les revers du règne précédent
Il résolut d'aller lui-même en Orient [1].

Richard-Cœur-de-Lion, alors roi d'Angleterre,
Voulut de son côté prendre part à la guerre ;
Mais la concorde entre eux ne dura pas longtemps
Et la haine des rois pénétra dans les camps ;
Philippe s'en revint et Richard à son tour
Dut, peu de temps après, préparer son retour.

Philippe alors voulut enlever aux Anglais
Les terres qu'ils avaient sur le sol des Français ;
Son projet réussit. Il en valait la peine,
Ces provinces étaient le Poitou la Touraine
Avec la Normandie. — Le souverain vaincu [2]
De dépossession ne fut pas convaincu ;
Il gagna ses voisins ; ambitieux, jaloux,
Et fort de leur appui, combattit contre nous ;
Ses alliés étaient pour entrer en campagne,
L'intrépide Othon IV, empereur d'Allemagne,
Le comte de Boulogne et celui des Flamands.

Philippe osa lui seul, avec ses combattants,
Affronter l'ennemi, mais avant l'action
Il demanda d'en Haut la bénédiction.

1. Sous le règne de Philippe-Auguste eurent lieu la troisième et la quatrième croisade.

2. Jean-Sans-Terre, frère de Richard-Cœur-de-Lion qui l'avait chargé de gouverner son royaume pendant son absence.

A Bouvines [1], en Flandre, on fit un grand carnage ;
Les Allemands d'abord eurent tout avantage ;
Les Français furent pris au centre et par le flanc,
La mort se promenait chez eux de rang en rang ;
Le roi faillit périr. Mais, au fort du combat,
Du côté des Français la victoire passa.
Respectant du lecteur l'âme compatissante
Je ne détaille point cette journée sanglante,
Il suffit d'affirmer qu'avec beaucoup d'ardeur
Un prompt enthousiasme accueillit le vainqueur.

    Après cette journée l'on vit Philippe-Auguste
Gouverner le pays en roi bon, ferme et juste ;
Paris doit à ce rois ses quais et ses pavés,
Ses halles, ses remparts, à grands frais élevés [2].

—

LOUIS VIII (1223).

    A sa mort Louis VIII, son fils, obtint le trône ;
Son règne fut bien court. Il laissa la couronne
Au jeune Louis IX que l'histoire dépeint
Comme si vertueux qu'il devint un grand saint

1. Bataille de Bouvines en 1214.

2. Sous le règne de Philippe-Auguste une cinquième croisade fut entreprise par le marquis de Montferrat, par Baudoin, comte de Flandre et par le doge de Venise. Mais les croisés n'allèrent pas jusqu'à Jérusalem ; ils s'arrêtèrent à Constantinople qu'ils assiégèrent et où ils trouvèrent un immense butin.

— Une autre croisade fut ouverte contre les Albigeois, hérétiques du Midi de la France. Elle fut commandée par Simon de Montfort qui dépouilla de ses États Raymond VI, comte de Toulouse.

— Philippe-Auguste, pendant son glorieux règne de 43 ans, a réuni à la couronne la Normandie, l'Anjou, le Maine, l'Auvergne, le Vermandois ! Il jeta les fondements du Louvre ; il institua les lettres de change et s'occupa activement du bonheur du peuple qui lui voua son amour.

LOUIS IX ou SAINT-LOUIS (1226).

Blanche
de Castille.

Louis IX, dès onze ans, prit le sceptre de France,
Et Blanche de Castille en reçut la régence ;
De Louis digne mère elle eut des qualités
Propres à contenir les seigneurs révoltés ;
Son esprit, à la fois subtil et perspicace,
A tout pressant besoin sur-le-champ faisait face :
Elle eut à réprimer la fureur des partis
Stipendiés des grands, ses jurés ennemis.

Louis étant majeur combattit à son tour
Les nobles insoumis, tout près de Taillebourg ;
Ce monarque, à Pontoise, étant tombé malade,
Promit, s'il guérissait, de faire une croisade[3] ;
Fidèle à son serment et docile à son Dieu
Il voulut accomplir son vœu vers le saint lieu.

Il employa quatre ans à préparer la flotte
Qu'il devait emmener à cette œuvre dévote.
Aigues-Mortes le vit dans son port s'embarquer ;
Damiette[2] eut l'ennui de le voir débarquer ;
Damiette fut prise et malheureusement
La suite compromit le succès précédent.

Le sultan, à Massoure, enleva nos drapeaux,
Emprisonna Louis et ses grands généraux ;
Notre malheureux roi n'obtint la liberté
Qu'en rendant Damiette. Il signa le traité
Qui l'empêchait de plus de ne point entreprendre
Contre Jérusalem. Il sut pourtant se rendre
Au tombeau vénéré du Christ, Homme-Dieu ;

1. La septième.
2. Damiette, ville d'Egypte.

Il y resta quatre ans[1]. Parti du saint Lieu
Il ne retrouva plus sa mère tant aimée ;
La douleur qu'il en eut ne fut jamais calmée.

Il s'occupa dès lors du bien de ses États ;
Il confia son peuple au zèle des prélats ;
Sous un chêne, à Vincenne, il rendit la justice ;
Enfin des Quinze-Vingts il fonda l'édifice[2].

Mais malheureusement il conçut le dessein
De partir de nouveau pour revoir le Lieu saint,
Et malgré le conseil de ses meilleurs amis,
Il dirigea ses gens, cette fois vers Tunis[3].
La peste lui ravit une foule de monde ;
Louis en ressentit une peine profonde ;
Il fut lui-même atteint de la contagion,
Et mourut saintement loin de sa nation ;
La mort de Louis IX fut un deuil général,
Un deuil qui, nous dit-on, n'eut jamais son égal.

———

PHILIPPE III, *dit le Hardi* (1270).

Philippe-le-Hardi remplaça lors son père
Auquel, à tous égards, il ne ressembla guère ;
Sous son règne l'on vit un horrible attentat
Ourdi par un génie cruel et scélérat.
Les Français ayant pris bravement la Sicile
Avaient exaspéré le peuple de cette île,

Vêpres Siciliennes.

1. Pendant son séjour en Palestine Louis IX assura la liberté à 12,000 chrétiens.
2. L'établissement des Quinze-Vingts était destiné à recevoir 300 chevaliers auxquels les Sarrasins avaient crevé les yeux.
3. Dernière croisade en 1270.

Qui voulut se venger. Le combat commença[1]
Sur l'heure que du soir l'office s'annonça ;
Traîtreusement surpris, cruellement frappés,
Douze mille Français périrent écharpés[2].

—

PHILIPPE IV, *dit le Bel* (1285).

Philippe, dit le Bel, hérita la couronne
Et jouit peu de temps des délices du trône ;
Avec le pape il eut d'ennuyeux démêlés
Qui, longtemps prolongés, furent enfin réglés[3] ;
Les Templiers. Avec les Templiers il eut une querelle
Qui faillit devenir une lutte cruelle ;
Arrêtés et jugés, cinquante-neuf d'entre eux
Expièrent au feu leurs complots factieux ;
Mais de Molay, leur chef, subissant le supplice,
Dit au roi : « Dans un an, Dieu nous rendra justice. »
Dans l'année en effet Philippe décéda,
Puis parut devant Dieu qui de tout décida.

—

LOUIS X, *dit le Hutin* (1314).

Louis X, successeur, trouva ruinées d'avance
Les ressources du trône et celles de la France ;
Marigny[4], soupçonné, voulut se disculper,
Mais le roi, soupçonneux, le fit exécuter.

1. Vêpres siciliennes, 1282.
2. Sous le règne de Philippe-le-Hardi le comté de Toulouse fut réuni à la couronne par héritage.
3. Clément V, premier pape à Avignon sous Philippe-le-Bel.
4. Marigny surintendant des finances.

PHILIPPE V, *dit le Long* (1316).

Louis mourut ensuite et le sceptre passa
Chez Philippe, son frère. Alors ce roi chassa
Les juifs du pays, pour avoir essayé
D'empoisonner les eaux par un parti payé.

———

CHARLES IV, *dit le Bel* (1322).

Charles-le-Bel[1] bientôt monte au trône vacant,
Et peu d'années après, meurt sans laisser d'enfant.

———

DEUXIÈME BRANCHE DE LA TROISIÈME RACE DITE DE VALOIS.

PHILIPPE IV, *dit de Valois* (1328).

Le trône des Français eut deux compétiteurs
Vivement soutenus par de bons serviteurs.
  Les prétendants étaient Philippe-de-Valois,
Et le roi d'Angleterre, ou mieux Edouard Trois :
Liés comme parents avec nos rois et princes,
Chacun d'eux espérait recueillir leurs provinces,
Le peuple consulté témoigna de sa foi
Pour Philippe, qui fut dès lors proclamé roi.
  Le désappointement d'Edouard, son rival,
D'une lutte acharnée fut bientôt le signal.
Edouard vint chez nous conduisant une armée
Nombreuse, bien choisie, brillante et exercée,
Philippe de Valois, marchant vers l'ennemi,
Dut accepter la lutte aux plaines de Crécy[2];

Guerre
de
cent ans.

1. Charles-le-Bel était le frère de Louis X et de Philippe V.
2. Crécy (Picardie). La bataille de Crécy se donna en 1346.

Là, malgré des Français le courage et l'ardeur,
Malgré leur dévouement, Edouard fut vainqueur,
Trente mille soldats tombèrent de nos rangs
Et, le soir de ce jour, furent morts ou mourants.
Pour la première fois l'ennemi fit usage
De pièces de canon. De là son avantage.

Siège de Calais.

    Heureux de la victoire, Edouard attaqua
La ville de Calais [1] qui longtemps répliqua ;
Sous un an de blocus et pressés par la faim
Les bons Calaisiens, victimes du destin,
Offrirent au vainqueur les clefs de leur cité ;
De tant de résistance, Edouard irrité,
Voulut, avec les clefs, la vie de six offrants,
Ou la destruction de tous les habitants,
   Eustache-de-Saint-Pierre, avec cinq résolus,
Vinrent, la corde au cou, rappelant Régulus [2],
S'offrir en holocauste, et par de tels moyens,
Assurer l'existence à leurs concitoyens.
Pour l'accomplissement d'un si beau sacrifice,
Le bourreau s'apprêtait à faire son office,
Lorsque la reine [3] émue tombe aux pieds d'Edouard
Et suspend du bourreau le terrible poignard ;
Cette scène amena les rois belligérants,
A Conclure une trêve au terme de dix ans [4].

1. La ville de Calais resta pendant 210 ans au pouvoir des Anglais. — Philippe de Valois ajouta au royaume Montpellier qu'il acquit. Sous son règne le Dauphiné fut cédé à la couronne par Humbert II (1349), à condition qu'à l'avenir le fils aîné du roi de France prendrait le nom de Dauphin.

2. Régulus, général romain, se dévoua pour le salut de Rome.

3. Epouse d'Edouard.

4. Aux calamités de la guerre se joignirent les ravages de la peste qui enleva, dit-on, le quart de la population de la France. — Cession du Dauphiné à la France. Depuis cette cession faite par Humbert II, le fils aîné du roi de France a porté le titre de *Dauphin*.

JEAN-LE-BON (1350).

Expiré ce délai, le successeur des rois
Fut Jean-le-Bon, le fils du précédent Valois.

Le prince Noir, régnant alors en Angleterre,
Rentra sur notre sol pour rallumer la guerre.
Jean lui livra bataille auprès de Poitiers
Et des Anglais devint l'un des prisonniers ;
Le Dauphin, fils aîné du malheureux roi Jean,
Gouverna le royaume à titre de régent.

Par un traité honteux, du nom de Brétigny,
Jean-le-Bon devint libre et revint à Paris ;
Il fallut accorder, pour cette délivrance [1]
Une énorme rançon et morceler la France ;
Alors le duc d'Anjou, otage fugitif,
Obligea le monarque à retourner captif [2].
Le bon roi succomba [3].

———

CHARLES V, *dit le Sage* (1364).

Vint Charles V, son fils,
Pour réparer un peu les malheurs du pays [4].
Les grandes compagnies, surnommées *Malandrins*,
Infestaient la campagne, occupaient les chemins,
S'abandonnant partout au désordre, au pillage,
Aux réquisitions, au meurtre, au brigandage.

1. Le traité de Brétigny assurait aux Anglais la possession de la belle et riche province d'Aquitaine, et une somme de quatre millions d'écus d'or. Il exigeait de plus des otages pris parmi les principaux seigneurs français.
2. Une seconde fois en Angleterre.
3. Jean-le-Bon mourut dans sa prison en Angleterre.
4. Sous le règne de Charles V, le Limousin a été conquis.

Du Guesclin.

Le brave Du Guesclin, la perle des Bretons,
Délivra le pays de ces nouveaux Teutons ;
A leur tête il partit promptement pour l'Espagne,
Leur promettant là-bas une riche campagne.

La France et Charles V admiraient Du Guesclin
Qui les avait sauvés du poignard Malandrin ;
Le roi, récompensant un acte si louable,
Offrit à Du Guesclin l'épée de connétable.

Devenu général des armées des Français,
Du Guesclin poursuivit en tous lieux les Anglais ;
Il les défit partout et reprit les provinces
Qu'ils avaient arrachées à nos précédents princes,
Si bien qu'après dix ans, nos terribles rivaux
N'eurent plus que Calais et Bayonne et Bordeaux.

Mais la France, en ce temps, éprouva le malheur
De perdre Du Guesclin, son brave défenseur.

Charles V, que le peuple a surnommé *le Sage*,
Eut aussi tout après le tombeau pour partage.

CHARLES VI (1380).

Un moment délivrée des mains des étrangers,
La France ne fut pas exempte de dangers :
L'ambition des grands, leur orgueil, leurs disputes,
Les princes très jaloux et leurs sanglantes luttes
Troublèrent le pays. Charles VI étant roi
Fut atteint de folie. Son sceptre, cette fois,
Excita les désirs de Louis d'Orléans
Et du duc Jean-sans-Peur, autre prince du sang ;
Celui-ci fit périr d'une façon brutale
Son cousin [1], dont la mort ourdit une cabale.

1. Le duc d'Orléans.

Les nobles indignés jurent de le venger,
Et la France en deux camps voit ses fils se ranger :
Les nobles *Armagnacs*, du nom d'un cabaleur,
Contre les *Bourguignons*, soldats de Jean-sans-Peur [1].

Les Anglais profitant de nos luttes civiles,
Retournent de nouveau pour surprendre nos villes,
Et, vainqueur d'Azincourt [2] et de la Normandie,
Leur monarque Henri V, se fit ouvrir Paris.

Isabeau de Bavière [3] et Philippe-le-Bon [4],
Inspirés par l'intrigue et par la trahison,
Nommèrent Henri V comme régent de France,
Et comme successeur du roi dans la démence.

Le pauvre Charles VI, digne d'un meilleur sort,
Méconnu, maltraité, trouva pourtant la mort.

—

CHARLES VII, *dit le Victorieux* (1422).

Le dauphin Charles VII ceignit le diadème,
Mais son royaume était d'une faiblesse extrême ;
L'Angleterre en avait la principale part ;
De plus, elle voulait planter son étendard
A Bourge où Charles VII, faisant sa résidence,
S'adonnait aux plaisirs, aux jeux, à l'indolence ;
En cette extrémité le Seigneur accourut,
Et fournit à la France un moyen de salut.

1. Jean-Sans-Peur, duc de Bourgogne.
2. Bataille d'Azincourt (Artois), en 1415.
3. Isabeau de Bavière, reine et épouse de Charles VI.
4. Philippe-le-Bon, fils de Jean-sans-Peur, et prétendant à la succession de Charles VI, au détriment du dauphin, fils aîné du roi. — L'Histoire prétend que d'amoureuses intrigues existaient entre Philippe-le-Bon et Isabeau de Bavière.

Alors à Domrémy[1] vivait une bergère,
D'un caractère doux, d'une vertu sévère ;
Elle coulait sa vie sous l'œil de ses parents,
Et venait de finir ses dix-huit printemps ;
Fille aînée de famille, elle avait pour ouvrage
Le soin de ses cadets et le soin du ménage ;
Puis elle conduisait dans les voisins cantons
De son père chéri les innocents moutons
Qu'elle enfermait le soir dans le mobile parc ;
Cette bergère fut l'illustre Jeanne d'Arc.

Qui donc eût pu prévoir qu'une fille tremblante
Réduirait à néant une armée imposante,
Et rendrait, par son bras, son courage et sa foi,
Au prince son royaume, au royaume son roi ?
C'est que Dieu qui commande à la fureur des vents
Sait aussi transformer les pygmées en géants.

Un jour à Jeanne d'Arc apparut St-Michel
Qui lui dit de quitter le châlet paternel ;
Pour aller ranimer les soldats de Dunoi[2],
Délivrer Orléans, la patrie et son roi.
Docile et confiante elle se présenta
Au roi qui la crut folle et qui la rebuta ;

Il voulut cependant qu'elle fut amenée
Aux docteurs de l'Eglise, aux chefs de son armée.

Après l'avoir ouïe, tous furent convaincus
Que les Anglais par elle allaient être vaincus.

On lui donne un cheval, une armure complète,
Puis de nos bataillons se mettant à la tête,
Elle attaque et défait les Anglais assiégeants,
Et de ses ennemis débarrasse Orléans ;

1. Domrémy, petit village de la Lorraine.
2. Dunois, général de l'armée de Charles VII.

Jeanne les suit partout, sur les bords de la Loire,
Et partout sous ses coups, apparaît la victoire;
L'héroïne conduit Charles VII jusqu'à Reims,
Et, le faisant sacrer, accomplit ses desseins.

Sa mission finie, Jeanne veut repartir
Pour sa chère Lorraine : elle y voudrait mourir;
Mais le roi l'en empêche; il veut que la Pucelle,
Pour délivrer Paris lui prête encore son zèle.
Le projet échoua; des traîtres Bourguignons
Vendirent Jeanne d'Arc[1] aux Anglais furibonds;
Ceux-ci, pour l'immoler à leur ressentiment,
La brûlèrent vivante au milieu de Rouen.

Cependant nos partis[2], jusqu'alors ennemis,
Firent entre eux la paix et reprirent Paris.
Charles VII, devenu le vrai roi des Français,
Débarrassa dès lors la France des Anglais;
Ainsi se termina la guerre de *Cent ans*
Qui couvrit le pays du sang des combattants[3].

Charles se souvint lors de Jeanne la vaillante
A laquelle il devait sa fortune brillante;
Il lui fit élever un riche monument[4],
Immortel souvenir d'un noble dévoûment.

Sur la fin de sa vie, Charles fut en querelle
Avec son fils Louis[5], prince dur et rebelle;
Le pauvre roi, craignant les effets du poison,
Voulut mourir de faim et non de trahison.

1. Jeanne fut vendue aux Anglais pour la somme de dix mille francs.

2. Les Bourguignons et les Armagnacs.

3. Les Provinces de la Guienne, de la Saintonge et de l'Angoumois furent conquises par Charles VII.

4. La statue de Jeanne d'Arc fut érigée sur la place de Rouen, à l'endroit même où cette héroïne avait été brûlée.

5. Louis XI.

LOUIS XI (1461).

Louis XI était fin, habile, courageux,
Mais il n'était pas moins fourbe, artificieux ;
   Plus de cinq cents seigneurs, mécontents, irrités,
Contre lui réunis en sujets révoltés,
   Tout près de Montléry[1], furent vainqueurs du roi,
Qui par de riches dons sut regagner leur foi.
Il restait contre lui Charles-le-Téméraire
Qui comptait sur le bras d'un fort auxiliaire[2] ;
Louis XI, effrayé d'un si puissant appui,
A Péronne veut voir Charles auprès de lui,
Mais pendant l'entrevue, la ville de Liège[3]
Se révolte. Dès lors, Charles croit au piège ;
Il accuse Louis de ce soulèvement,
Et le fait enfermer dans son appartement.
   Louis se délivra par un pacte onéreux,
Et viola bientôt ses serments et ses vœux.
   Mécontent, irrité, Charles-le-Téméraire
De Louis se déclare encore l'adversaire,
A Nesle, il massacra les pauvres habitants
Que ne purent sauver des efforts persistants ;
   A Beauvais, Louis XI eut victoire complète ;
Grâce au bras belliqueux de Jeanne-la-Hachette ;
Charles, près de Nancy, reçut un coup fatal ;
Et laissa par sa mort la Bourgogne au rival.
   Louis XI, vainqueur des seigneurs et des princes,
Agrandit ses Etats de leurs riches provinces[4] ;

1. Bataille de Montléry ou guerre de la Ligue du bien public.
2. Le roi d'Angleterre.
3. La ville de Liège était sous la domination de Charle-le-Téméraire, duc de Bourgogne.
4. La Bourgogne, la Provence, le Maine et l'Anjou ont été réunis à la couronne sous Louis XI.

Il fut pour le commerce un zélé protecteur ;
Du service des postes on le vit créateur ;
Mais, perfide et méchant, il souilla sa mémoire
D'inouïes cruautés que regrette l'histoire,
Tristan l'Hermite était le terrible bourreau
Des nobles que le roi poussait à l'échafaud ;
Ce prince détesté passa ses derniers jours
Au fond de son château, dit de Plessis-les-Tours ;
Il y mourut enfin accablé de douleurs,
Et personne à sa mort ne répandit des pleurs.

CHARLES VIII (1483).

Charles VIII, son fils, voulut par des exploits
Inaugurer son règne. Il prétextait des droits
Au royaume de Naples ; et dans cette pensée,
Il partit conduisant une brillante armée ;
Il fit rapidement de Naples la conquête ;
Rapidement aussi son armée fut défaite [1].

Il retourne vaincu, puis meurt privé d'enfants,
Laissant pour successeur Louis, dit d'Orléans [2].

Guerres d'Italie.

TROISIÈME BRANCHE, DITE D'ORLÉANS.

LOUIS XII, surnommé *le Père du Peuple* (1498).

Louis XII était franc, humain et généreux,
Et par ses qualités rendait son peuple heureux ;
Mais il voulut venger de son prédécesseur
Le tout récent échec. Ce fut là son malheur.

1. La Bretagne fut réunie à la couronne sous Charles VIII.
2. Louis, duc d'Orléans ou Louis XII.

Les princes d'Italie, unis au roi d'Espagne
Et au pape Léon [1], entrèrent en campagne ;
Louis XII au surplus, pressé par les Anglais,
Ne put pas se défendre et demanda la paix.

Il avait obtenu des succès à Ravennes,
Et devant Agnadel ; il en fut pour ses peines ;
Il expia ses torts par d'amères douleurs,
Car il fallut céder sa conquête aux vainqueurs
Et leur payer tribut. Les rigueurs d'un tel sort
Du bon roi Louis XII amenèrent la mort.

Malgré tous ces malheurs, la France s'attrista
De la mort de Louis ; et longtemps regretta
Ce bon *Père du Peuple*. En effet, il le fut,
Car à tous ses sujets il fit le bien qu'il put.

QUATRIÈME BRANCHE, DITE DES VALOIS.

FRANÇOIS Ier (1515).

Par droit de parenté, François duc d'Angoulême
Du prince précédent obtint le diadème ;
Il portait le beau nom de François-le-Premier
Qui veut dire grand roi, bon chef, preux guerrier.
Aimant par-dessus tout les conquêtes, la gloire,
Il voulut de Milan ravoir le territoire ;
Trente mille soldats par la Suisse envoyés,
En deux jours et deux nuits furent comme broyés [2].

1. Léon X. — Louis XII épousa Anne de Bretagne, veuve de Charles VII ; par ce mariage la Bretagne fut réunie à la France.

2. A la bataille de Marignan, où les Suisses que l'empereur Maximilien tenait à sa solde, combattaient contre la France. — L'Auvergne, la Marche, le Bourbonnais, furent réunis à la couronne sous le règne de François Ier.

Un brave Dauphinois, le célèbre Bayard,
Eut à cette victoire une bien large part;
Il s'était distingué, sous les précédents rois,
Par d'audacieux coups et de brillants exploits;
Quelques années après, la France eut la douleur
De voir tomber Bayard, *sans reproche et sans peur.*

En ce temps Charles-Quint, le madré roi d'Espagne,
Réussit à gagner les princes d'Allemagne,
Et obtint de leurs mains le sceptre impérial[1].
Il avait pour ce trône un acharné rival
Dans François-le-Premier. Celui-ci, par envie,
Fit, contre Charles-Quint, la guerre de Pavie,
Il s'y conduisit bien; mais, malgré sa valeur,
Malgré l'élan français, Charles-Quint fut vainqueur.
François perdit Milan; il fut lui-même pris
Et transporté captif au donjon de Madrid:
Retenu douze mois, il n'eut sa liberté
Qu'au prix de la Bourgogne, en vertu d'un traité[2].

Mais, François transgressant tous ses engagements,
La lutte fut reprise entre les contractants;
Les nouveaux insuccès qu'eut à subir le roi
Lui firent du vainqueur craindre la dure loi;
Il proposa la trêve. Elle fut accordée
Pour dix ans seulement. La dizaine expirée,
On vit à Cérisolle un horrible carnage
Où, du moins cette fois, la France eut l'avantage.

Fatigués de lutter, les royaux champions
Font de nouveau la paix entre leurs nations.

François, trois ans après, alla vers ses aïeux.

1. Le scepire ou l'Empire d'Autriche laissé vacant par la mort de
Maximilien, aïeul de Charles-Quint.
2. L'onéreux traité de Madrid. (1526).

Et laissa la couronne à son fils Henri Deux[1].

La Renaissance.

Sous François Premier l'on vit de toutes parts
Prospérer l'industrie, le commerce, les arts;
Les marins, pour aller de l'un à l'autre pôle,
Purent se diriger en suivant la boussole.
Nos guerres d'Italie permirent aux auteurs,
Aux peintres, aux savants comme aux littérateurs,
De suivre les grands noms et de Rome et d'Athènes,
D'imiter Michel-Ange ainsi que Démosthènes.
OEuvre de Gutenberg, imprimeur érudit,
L'imprimerie chez nous peu à peu s'établit[2].
Parcourant l'Océan sur un frêle vaisseau
Colomb put aborder dans un Monde-Nouveau[3].
Sous ce règne, appelé *Temps de la Renaissance*,
Le génie, le talent illustrèrent la France.

HENRI II, FRANÇOIS II, CHARLES IX, HENRI III.
(De 1547 à 1589).

Henri II, François II, Charles IX, Henri Trois
Régnèrent peu de temps. — Charles IX étant roi,

Guerres de religion.

L'hérésiarque Luther, évêque catholique,
Des doctrines de Rome entreprit la critique;
Sa réforme attira de zélés partisans
Qui furent désignés du nom de *Protestants*,
Ils étaient redoutés, et Charles IX lui-même
Craignit pour sa personne et pour son diadème;

1. François Ier fonda le Collège de France, l'Imprimerie royale, la Manufacture des Gobelins. Il fit bâtir le palais de Fontainebleau et continua le Louvre. François Ier reçut le titre de *Père des lettres*.

2. Gutenberg de Mayence inventa l'imprimerie en 1440.

3. Le génois Colomb découvrit l'Amérique en 1492.

Sa mère Catherine, issue de Médicis,
Ne se troublait pas moins des craintes de son fils ;
Elle accorda sa fille à Henri de Bourbon [1],
Jeune homme distingué de nature et de nom.
Les protestants en foule aux noces se pressèrent
Sans voir le guet-apens dans lequel ils tombèrent.
Ils furent massacrés, chez eux pendant la nuit,
Le vingt-quatrième août, lorsque sonna minuit.
La Saint-Barthélemy [2] rappelle ce carnage,
Qu'on blâmera toujours, en tous lieux à tout âge.
Malgré tant de malheurs, le parti protestant
Fut toujours redoutable et toujours combattant.
Cependant Charles IX, complice de ces crimes,
Mourut bientôt après ses nombreuses victimes.
La couronne revint au frivole Henri Trois,
Le dernier rejeton des princes de Valois.

— Fin de la branche dite seconde des Valois, ou quatrième branche.

CINQUIÈME BRANCHE, DITE DES BOURBONS.

HENRI IV (1589).

Il eut pour successeur le célèbre Henri Quatre [3],
Qui pour monter au trône eut beaucoup à combattre ;

1. Henri de Bourbon était fils d'Antoine de Bourbon, prince du Béarn et roi de Navarre. Henri de Bourbon devint plus tard Henri IV. Il était d'abord protestant comme sa mère Jeanne d'Albret ; son père au contraire était catholique.
2. Soixante mille protestants furent égorgés en France le jour de la Saint-Barthélemy 1572.
3. Henri de Bourbon ou de Béarn, beau-frère de Charles IX et de Henri III, fut élu roi et prit le nom de Henri IV.

Protestant d'origine, Henri le béarnais
Fut forcé de lutter contre tous les français.
Arques[1] vit un combat où, nonobstant l'intrigue,
Henri IV écrasa Mayenne avec la *Ligue* ;
Victorieux encor, non loin des murs d'Yvry,
Henri IV conduit ses troupes à Paris ;
Il soumet au blocus la cité malheureuse,
Et la livre aux horreurs d'une famine affreuse ;
Telle fut la détresse et telle fut la faim
Qu'on écrasa les os pour en faire du pain [2].
    Henri IV touché fit abjuration
Et devint catholique. Alors la nation
L'accepta pour son roi et se montra fidèle ;
Henri fit à Paris son entrée solennelle [3].
    Ce roi fut à la fois généreux grand et bon,
Riche de qualités et en bienfaits fécond ;
Désirant mettre un terme aux guerres incessantes

L'édit de Nantes. Des deux communions [4], il fit l'édit de Nantes ;
Cet édit permettait aux Français protestants
De pratiquer leur culte, en tous lieux, en tous temps.

Sully.   Béthune de Sully, d'une vertu austère,
Fut son ministre habile et son ami sincère ;
En secondant le roi il servit son pays ;
Il enrichit la France et embellit Paris.
    Le célèbre Henri IV eut un malheureux sort,
L'assassin Ravaillac précipita sa mort [5].

1. Arques, près de Dieppe (Seine-Inférieure).
2. Les ossements des cimetières furent même recueillis et broyés.
3. 25 juillet 1593.
4. Le Catholicisme et le Protestantisme.
5. Il attendit le roi à son passage, rue de la Ferronnerie, et le frappa de deux coups de poignard qui le firent mourir sur-le-champ. — Le Béarn et le comté de Foix furent réunis à la couronne, sous Henri IV. — Le canal de Briare, qui unit la Loire à la Seine, est dû à Henri IV.

LOUIS XIII, *dit le Juste* (1610).

Louis XIII, à neuf ans, succédant à son père,
Marie de Médicis, sa régente et sa mère,
S'empara du pouvoir et renvoya Sully,
Pour lui substituer l'avide Concini.   Concini.
Celui-ci ne rêvant qu'une fortune immense
S'enrichit au contact des trésors de la France,
Mais il n'en jouit pas. Il fut à mort frappé
D'un coup de pistolet dans le Louvre tiré.
    De Luynes, par le roi, fut choisi pour ministre,   De Luynes.
Il périt à son tour d'une façon sinistre.
    Le monarque Louis décida, cette fois,   Richelieu.
Qu'un ministre de Dieu serait celui du roi.
L'évêque de Luçon, prélat judicieux,
Homme adroit, clairvoyant, nommé Richelieu,
Du jeune souverain obtint la confiance,
Et fit partout sentir sa puissante influence;
Il voulut abaisser le vain orgueil des grands,
Soumettre les Seigneurs, dompter les Protestants,
Limiter le pouvoir de la maison d'Autriche;
Pour atteindre ces fins en moyens il fut riche;
Il eut même recours à la main du bourreau
Qui sur de nobles chefs abattit son couteau.
    Richelieu chassa Marie de Médicis[1],
Dont le sort n'émut pas même le roi son fils.
    Le parti protestant, toujours brave et rebelle,
S'était mis en défense aux forts de la Rochelle;
Le cardinal ministre attaqua vivement
L'ennemi qu'on put voir se battre vaillamment;

---

1. Marie de Médicis, veuve de Henri IV, mourut dans le dénûment à
Cologne en 1642, après avoir été enfermée par Richelieu.

Les horreurs du blocus et la peste et la faim
Firent aux Protestants un malheureux destin :
Ils durent se soumettre au cardinal vainqueur
Qui les traita dès lors en vrai dominateur.
Enfin, couvert de gloire et non exempt de crimes,
Le cardinal suivit au tombeau ses victimes.

Louis XIII, à son tour, rendant son âme à Dieu,
Rejoignit au caveau sa mère et Richelieu.

La France, sous ce règne, au dedans florissante,
Devint, pour l'étranger, redoutable et puissante.
Grâce à l'habileté du savant cardinal,
Elle acquit un renom jusque-là sans égal[1].

Ce règne vit aussi briller d'un vif éclat
Descartes et Corneille ainsi que Vaugelas,
Vouët, Balzac, enfin le Poussin, Lesueur,
Tous peintres ou savants qui nous font grand honneur,
Et saint Vincent de Paul, bienfaiteur des campagnes,
Protecteur des enfants, consolateur des bagnes.

Les illustrations du règne de Louis XIII.

——

LOUIS XIV, *dit le Grand* (1643).

Mais l'Espagne, apprenant la mort de Louis Treize,
Fit assiéger Rocroi. Dès lors l'armée française,
Aux ordres de Condé, marcha sur l'ennemi,
L'attaqua vaillamment, l'enfonça, le défit ;
Le succès fut heureux, et la grande journée
Fut suivie d'une paix en tous lieux renommée[2].

Condé.

1. Le Roussillon a été conquis par Louis XIII.
2. Le traité de Westphalie entre la France d'un côté, l'Espagne et l'empire d'Autriche de l'autre ; ce traité assura, en 1648, à la France la réunion de l'Alsace.

Louis XIV, enfant, à la mort de son père,
Reçut pour sa régente Anne la reine-mère;
Mazarin fut ministre. Il ne put pas d'abord
Avec les assemblées se mettre bien d'accord;
La noblesse bientôt s'unit au Parlement,
Et la guerre éclata par le dissentiment.

Le cardinal de Retz et Turenne et Conti
Dirigèrent longtemps les rangs de l'ennemi.
Cette guerre, appelée *la Guerre de la Fronde*,
Fut suivie de la paix que voulàit tout le monde.

A sa majorité, Louis XIV enfin
Gouverna par lui-même, aidé de Mazarin;
Mais celui-ci mourut. Colbert le remplaça;
Il égala Sully, souvent le dépassa.

Par ses vues, ses talents, sa rare probité,
Colbert développa notre prospérité;
Il régla la dépense, éleva l'industrie
Dont les riches travaux excitèrent l'envie
Des peuples étrangers. Il construisit le fort
Qu'avec étonnement l'on voit à Rochefort;
Il refit la marine, acheta des vaisseaux,
Répara les anciens et arma les nouveaux.

De son côté Louvois, ministre de la guerre,
S'occupant des besoins de notre armée de terre,
Régla la discipline et le commandement,
Fit visiter les forts, en fixa l'armement.

Vingt mille hommes sept fois, instruits et exercés
Composaient l'effectif. Nos voisins menacés
S'unirent contre nous. On vit alors l'Espagne
L'Autriche, la Hollande ainsi que l'Allemagne
Marcher contre Louis. Mais les Impériaux
Ne purent résister à nos grands généraux:
Turenne avec Condé forcent les Allemands

A repasser le Rhin, confus et diligents ;
Par malheur la patrie, payant cher sa victoire,
Pleura du grand Turenne et la perte et la gloire ;

Duquesne. Pendant ce temps Duquesne, intrépide amiral,
Battait les Espagnols dans un combat naval ;
Et tout près de Cassel, nos amis suédois
Faisaient avec Monsieur [1] les plus heureux exploits.
Le traité de Nimègue [2] amène enfin la paix
Et rend notre patrie plus forte que jamais.
D'autres événements donnèrent à l'État
Une plus grande gloire, un plus brillant éclat ;
Les corsaires d'Alger et des villes voisines,
Poursuivant nos vaisseaux, y faisaient des rapines ;
Louis, pour leur donner un rude châtiment,
Prescrit sur ces cités un long bombardement ;
L'Autriche et la Savoie [3], puissances révoltées,
Sont de nouveau vaincues par nos braves armées ;

Luxembourg Luxembourg à Fleurus combat les ennemis ;
Catinat. Les États de Savoie par Catinat sont pris ;
Jean Bart. Sur mer, nos amiraux, Duguay-Trouin et Jean Bart,
A l'honneur du pays contribuent pour leur part,
Attaquent la Hollande ainsi que l'Angleterre,
Et font à leur commerce une terrible guerre.
Mais ces succès divers coûtaient beaucoup d'argent,
Beaucoup d'hommes aussi. Quand un événement

Guerre de la Acheva d'épuiser la grande nation :
succession. C'est la guerre appelée *de la Succession* :

---

1. Monsieur était frère de Louis XIV.
2. Le traité de Nimègue a été signé en 1678.
3. Le royaume de la Savoie et du Piémont. — Les provinces de la
Franche-Comté, de la Flandre, de l'Artois et de l'Alsace sont conquises
par Louis XIV. — Le Nivernais est réuni à la couronne.

Le roi des Espagnols venait de décéder,
Sans enfants, et sans proche apte à lui succéder;
Il avait désigné par testament précis,
Pour gouverner l'Espagne, un jeune petit-fils
Du roi Louis XIV. Et, malgré l'embarras
D'une acceptation qui devait, en tout cas,
Irriter nos voisins [1], le roi Louis-le-Grand
Se soumet de plein cœur à tout événement.

La couronne acceptée, l'Autriche et l'Angleterre [2]
Unissent contre nous leurs ressources de guerre;
Nos soldats dépourvus d'habiles généraux
Sont plusieurs fois défaits. Et pour surcroît de maux,
Vinrent les éléments : à un hiver terrible [3]
Succéda, pour la France, une famine horrible
Qui porta sa rigueur jusqu'au seuil du palais.

Louis XIV alors dut demander la paix;
Nonobstant ses malheurs, la France refusa
De payer le tribut que l'on nous imposa;
Cent mille combattants n'eurent à Malplaquet,
Malgré leur dévouement, qu'un insuccès complet;
Villars y fut blessé. Par bonheur, à Denain,   Villars.
Il sauva le pays d'un désastre certain;
La France, par Villars alors victorieuse,
Obtint des alliés une paix glorieuse.

Le roi Louis XIV, étant près du tombeau,
Ne devait pas jouir de ce succès nouveau;
Sur le point de mourir, il songe à demander
L'arrière petit-fils qui doit lui succéder;

1. L'Autriche, l'Angleterre et la Prusse.
2. La Prusse elle-même prit aussi parti contre nous dans la guerre
de la succession d'Espagne, en 1700.
3. L'hiver de 1709.

4

« Souvenez-vous, dit-il, d'un accent solennel,
« Que le plus grand des rois n'est pas un immortel;
« Vous devez tout à Dieu, ne l'oubliez jamais;
« Soulagez vos sujets; maintenez-les en paix;
« J'ai trop aimé la guerre et fait trop de dépense,
« Mais ne m'imitez point, pour le bien de la France [1]. »
Ce règne fut fécond en grands événements,
Il fut fécond aussi en génies, en savants :
Bossuet, La Fontaine et Racine et Boileau [2],
Fléchier, Mascaron, Bourdaloue et Perrault [3],
Fontenelle, Pascal, Quinault et La Bruyère,
Cassini, Fénelon, Tournefort, Molière,
Mariotte, Fermat, Lulli, Lebrun, Mignard,
Lorrain, Perrault [4], Le Nôtre et Descartes, et Mansard,
Illustrèrent la France en ce temps de faveur;
Le roi dut s'honorer d'être leur protecteur.

Les illustrations du règne de Louis XIV.

—

LOUIS XV (1715).

Louis XV fut roi dès l'âge de sept ans;
Mais il eut pour régent Philippe d'Orléans.
Les finances étant en très mauvais état,
Le Régent essaya d'employer l'assignat.

1. Mort de Louis XIV en 1715.
2. Molière, Racine, Boileau, La Fontaine, poètes célèbres. — Bossuet, Mascaron, Bourdaloue, Fléchier, prédicateurs distingués. — La Bruyère, Pascal, Fontenelle, Quinault, Charles Perrault, écrivains érudits. — Cassini, astronome et géographe distingué. — Tournefort, botaniste célèbre. — Mariotte, physicien. Fermat, Descartes, Pascal, mathématiciens. — Lulli, créateur de l'opéra. — Lebrun, Lorrain, Mignard, peintres habiles. — Mansard, Perrault (Claude), architectes. — Le Nôtre, jardinier des Tuileries et de Versailles.
3. Charles.
4. Claude.

Sur le conseil de Law. Ce moyen consistait
En papier-monnaie pour l'argent qui manquait,
On fit tant de billets qu'ils perdirent leur cours,
Et nous firent subir de bien malheureux jours.

Louis XV, arrivant à sa majorité,
Gouverna tout d'abord avec autorité ;
Mais s'alluma bientôt une nouvelle guerre
Entre le roi de France et le roi d'Angleterre ;
Le maréchal de France en battant les Anglais
Fit éclater l'honneur du drapeau des Français.

Par contre Maillebois, à Plaisance battu,
Vit pâlir notre étoile ; Autriche avait vaincu.
Depuis ce moment-là notre gloire s'abaisse,
Le malheur nous atteint, la victoire nous laisse ;
La Prusse et l'Angleterre enlèvent nos drapeaux[1],
Et nous perdons sur mer nos marins, nos vaisseaux ;
La pauvre France alors épuisée, défaillante,
Dut conclure une paix, amère, humiliante.

Bien loin de réparer les malheurs du pays,
Louis XV, au palais, avec ses favoris,
Ne songe qu'au plaisir. Il perd l'affection
Des alliés d'abord, puis de la nation.

Le ministre Choiseul, seul homme de valeur,
Aurait pu de la France être encor le sauveur[2],
Mais il fut renversé. Du degré de faiblesse
La France tombe alors au degré de détresse ;
Notre roi corrompu s'en souciait fort peu ;
Il passait ses journées au plaisir et au jeu
Et répétait souvent : *Après nous le déluge.*
De l'état du pays, lecteur, soyez le juge !

Décadence
de la nation.

1. A Rosbach.
2. Lorraine conquise par Louis XV.

Enfin la mort arrive et enlève le roi
Que chacun voit partir sans regret, sans émoi.
Ce règne vit briller des hommes de renom :
Voltaire, d'Alembert, Montesquieu, Buffon.

Les illustrations du règne de Louis XV.

—

LOUIS XVI (1774).

La couronne passa cette fois sur la tête
De l'époux bien aimé de Marie-Antoinette.
Louis XVI était bon ; il était désireux
De soulager son peuple et de le rendre heureux.
Ses ministres étaient Malesherbes, Turgot,
Qui mirent tous leurs soins à réduire l'impôt ;
Mais les nobles, voulant sauver leurs privilèges,
Firent tout échouer par d'hostiles manèges.
On vit de toutes parts les troubles éclater.
Louis, pour en finir, dut alors consulter
Les États-Généraux [1]. — La Révolution
Commença dès ce jour dans notre nation [2].
Les ordres réunis firent une assemblée
Dite *Constituante*. Une foule affamée
De femmes et d'enfants, de voyous, de canailles
Obligèrent la cour à sortir de Versailles ;
Louis XVI fuyant, à Varennes fut pris,
Et fut avec sa cour reconduit à Paris.
La seconde assemblée, dite *Législative*,
Par sa décision, qui fut définitive,

La Révolution 1789.

La Constituante

La Législative.

[1]. Les États-Généraux se composaient des députés des trois Ordres : La Noblesse, le Clergé, le Tiers-Etat.

[2]. La Révolution commença le 5 mai 1789. — Avignon fut réuni à la France par l'Assemblée nationale.

Dépouilla du pouvoir Louis et ses enfants.
　Ces actes accomplis, d'autres représentants,
Formèrent l'Assemblée de la *Convention*
Qui de la royauté fit l'abolition.

La Convention.

LA RÉPUBLIQUE (1792).

　La République alors fut proclamée en France ;
On l'accueillit partout avec réjouissance.
　L'Assemblée s'occupa de décider du sort
Du pauvre Louis XVI. On vota pour la mort ;
　Le vingt et un janvier de la suivante année [1]
Louis sur l'échafaud eut la tête tranchée.

Louis XVI décapité.

　La Révolution ne se contenta pas
D'exercer sur Louis cet horrible attentat,
Elle voulut encor la tête de la reine [2]
Qui de son cher époux subit aussi la peine ;
Madame Élisabeth [3] les suivit au tombeau
En passant, à son tour, par la main du bourreau.

La reine Marie-Antoinette et madame Elisabeth guillotinées.

　Ainsi périt du roi l'infortunée famille
Dont il ne resta plus qu'un fils et une fille,
Le Dauphin succomba [4] dans la captivité,
La princesse, sa sœur, fut mise en liberté.
　Qui se serait douté qu'une fin si fatale
Put atteindre à Paris la famille royale ;
Hélas ! c'est trop réel, et la France à jamais
Devra se reprocher ces énormes forfaits.

1. 1793.
2. Marie-Antoinette, la vertueuse reine de France.
3. Madame Elisabeth, sœur du roi.
4. Le Dauphin qui fut un instant appelé Louis XVII.

Nombreuses victimes de la Révolution.

Mais ce ne fut pas tout. — La Révolution
N'arrêta pas ses coups et sa destruction.
Altéré par le sang et avide de crimes
L'échafaud recevait de nouvelles victimes ;
Des hommes distingués, ministres, chefs, doyens,
Savants, prêtres zélés, et nobles citoyens,
Ne pouvant opposer aucune résistance,
A la main du bourreau livraient leur existence.

Les étrangers en France.

Alors de l'étranger on vit de toutes parts
Se lever contre nous les nombreux étendards.
La défense du sol et de la nation
Fut le louable soin de la Convention ;
L'Assemblée envoya bientôt aux frontières
De nombreuses armées, résolues, guerrières,
Qui, commandées surtout par Hoche et Pichegrut,
Furent de la patrie l'espoir, puis le salut.

La Terreur.

Mais à l'intérieur les partis se battaient ;
La Province et Paris sous la terreur tremblaient ;
Partout le sang coulait dans la lutte intestine ;
Partout se promenait l'affreuse guillotine ;
De cet engin de mort les résultats trop lents
Trouvèrent pour renfort des engins plus puissants !
Les *noyades* de Nante, infernales attrapes,
OEuvre de Carrier, glissaient, par des soupapes,
Les suspects entassés dans de traîtres vaisseaux,
Qui s'en allaient dormir en paix au fond des eaux.
Couthon, Collot-d'Herbois, en mitraillant Lyon,
Ne concouraient pas moins à la destruction ;
En divers autres points les exterminateurs
Sur la vie des suspects exerçaient leurs fureurs.

Les Girondins et les Montagnards.

Mais la Convention se divise en deux parts,
D'un côté *Girondins*, de l'autre *Montagnards* ;
Les Girondins battus, vingt et un députés,

Ensemble et de sang froid furent décapités.
La Gironde et la France ont plaint le triste sort
Qui voua ses enfants à une telle mort.

Les Montagnards entre eux bientôt se divisèrent ;
Camille Desmoulins et Danton dirigèrent
Une des sections. — L'autre suivit la loi
De vils chefs dont les noms sèment encor l'effroi :
Ces chefs étaient Couthon, Saint-Just, Robespierre
Dont les sanglants décrets tachent la carrière.

Les chefs des deux partis, se poussant au bourreau,
Vont enfin tour à tour abreuver l'échafaud.

La France, délivrée du joug de la Terreur,
Respire ensanglantée, troublée, saisie d'horreur.

Profitant de la paix, l'Assemblée dut songer
Aux intérêts publics qu'il fallait protéger :
Elle ouvrit l'Institut, elle ordonna d'admettre
Les mesures et poids qui dérivent du mètre ;
D'autres réformes dues à nos Constituants
Divisaient notre sol en des départements,
Proclamaient des Français l'égalité du droit,
Rendaient nationaux les biens du dernier roi
Comme ceux du clergé. La Réforme établit
Dans les départements l'assemblée du jury ;
Au lieu des Parlements donna les Tribunaux ;
Enfin posa partout des principes nouveaux.

La Révolution fit ces métamorphoses,
Changea les gouvernants, modifia les choses ;
Si l'on en dit du mal, pour moi je n'en dis rien,
Elle a trop fait de mal pour en dire du bien ;
Si l'on en dit du bien, ça m'est encore égal,
Elle a trop fait de bien pour en dire du mal.

C'est pendant cette année que la Convention
Résigna ses pouvoirs. L'administration

Des affaires publiques échut, nous dit l'Histoire,
A cinq hommes qui seuls formaient le *Directoire*.
   Barras avec Carnot, chefs du gouvernement,
Firent tous leurs efforts pour le soulagement
Des misères du peuple. On n'avait pas de pain,
La France était partout menacée de la faim.
   Cependant la patrie était toujours en guerre ;
Au dedans les partis ; au dehors l'Angleterre,
L'Espagne, l'Italie, surtout les Allemands,
La Belgique, l'Autriche, étaient nos opposants.
   Contre tant d'ennemis nos soldats intrépides
Obtenaient des succès. Mais, manquant de subsides,
Ils étaient bien souvent contraints de reculer,
Ou de voir, d'autres fois, leurs succès s'annuler.
   Bonaparte arrivant enchaîna la victoire,
Écrasa l'ennemi et se couvrit de gloire,
Près de Millésimo, sous les murs de Lodi,
Aux champs de Montenotte, à ceux de Rivoli,
Les durs Autrichiens, et les Piémontais,
Furent partout battus par les soldats Français ;
La série des succès ne fut interrompue
Qu'à Campo-Formio ; la paix y fut conclue [1].
   Le glorieux vainqueur s'en revint à Paris,
Emportant, pour trophée, les drapeaux ennemis ;
   Mais bientôt il arma trente mille Français
Pour enlever l'Égypte au pouvoir des Anglais ;
La flotte débarqua tout près d'Alexandrie
Qui fut prise d'assaut et presque démolie ;
De là l'armée française arriva jusqu'au Caire.
Le siège est commencé, mais il ne dure guère [2],

Bonaparte et ses victoires.

1. En 1797.
2. Bataille des Pyramides.

Bonaparte poussa jusques au Mont-Thabor
Où promptement il fut victorieux encor ;
Cependant ses exploits devaient bientôt finir
Par un échec complet. En quittant Aboukir,
Notre flotte, attaquée par l'amiral Nelson [1],
Eut ses vaisseaux détruits, brûlés, coulés à fond.

    Les choses au surplus allaient mal à Paris,
Ou, pour dire plus vrai, allaient de mal en pis ;
L'argent manquait en France et nos troupes souffraient,
Le peuple s'insurgeait, nos amis s'éloignaient ;

    Napoléon apprit avec affliction
De sa pauvre patrie la situation ;
Confiant à Kléber le soin de son armée,   *Kléber.*
Il repassa sans bruit la Méditerranée ;
    Le Conseil des Anciens l'appelle au Consulat   *Le Consulat.*
Et place entre ses mains les rênes de l'État.

    Il dut alors songer à reprendre la guerre
Contre nos ennemies, l'Autriche et l'Angleterre ;
Deux cent mille conscrits, passant sous les drapeaux,
Furent prêts à gagner des triomphes nouveaux.

    Nos soldats d'Italie au Saint-Bernard grimpèrent
Conduits par Bonaparte. Ils se précipitèrent
Sur les Autrichiens tout près de Marengo [2] ;
Ceux-ci furent battus. — Devant Montebello
Lannes les repoussa avec tout avantage,
Mais ici Bonaparte en fit un grand carnage ;
Par malheur pour nos rangs cet éclatant succès
Compta parmi les morts le général Desaix.

    En Égypte Kléber, tombant sous le couteau
D'un infâme assassin, descendait au tombeau ;

1. Nelson, amiral anglais.
2. Bataille de Marengo, 14 juin 1800.

Le traité d'Amiens assura quelque temps
La paix que désiraient les chefs belligérants.
Dans sa tranquillité la France recueillie
Au vainqueur conféra le Consulat à vie ;
Napoléon alors, sous cette autorité,
Combattit les abus avec activité ;
Répara les lieux saints et rétablit les fêtes ;
Reforma le Trésor et réduisit les dettes,
Il fonda des lycées ; il créa des canaux.
Et de la République il régla les impôts ;
Puis le vingt et un mars de l'an mil huit cent trois
Il promulgua chez nous cet ensemble de lois,
Nommé *Code Civil*, qui nous régit encor,
Et qu'on admire tant en France et au dehors.

—

NAPOLÉON BONAPARTE, empereur (1804).

Napoléon empereur.
Ces utiles travaux, ces faveurs, ces bienfaits
Lui valurent l'amour des citoyens français
Qui, pour lui témoigner un vif attachement,
Le firent Empereur tous unanimement ;
Le pape vint sacrer, par l'onction divine,
Avec Napoléon la bonne Joséphine[1].
L'Angleterre, Stockholm, ainsi que la Russie
S'opposant à l'Empire en troublent l'harmonie ;
L'Autriche passe au camp de ces trois nations ;
Mais l'Empereur les bat avec ses légions
Dites *la Grande-Armée*. Sa valeur intrépide
De nos vaillants soldats semblait être l'égide,

1. Joséphine Tascher de la Pagerie, veuve du général Beauharnais ; puis première femme de Napoléon.

De plus elle semblait atterrer l'ennemi
Dont les forces pour nous étaient un vrai défi [1].
  Tous ces brillants exploits que raconte l'Histoire
Furent bien dépassés par l'inouïe victoire
Appelée d'Austerlitz [2], où de nos ennemis
Le bronze refondu vint embellir Paris [3].
La campagne finie, la paix fut déclarée,
Mais elle n'eut encore qu'une courte durée.
  Nos triomphes rendant tous nos voisins jaloux,
L'Angleterre et la Prusse armèrent contre nous ;
Aux plaines d'Iéna la Prusse vit périr
Soixante mille enfants qui ne purent tenir
Contre Napoléon. A son tour la Russie
Sous les coups du vainqueur se vit anéantie
Par Eylaud, et Friedland. — A la fin les Français
Accordèrent la paix aux Prussiens-Anglais [4].
  Libre de ce côté, l'empereur fit campagne
Contre les conjurées, l'Angleterre et l'Espagne ;
Celle-ci fut forcée de recevoir sa loi ;
Détrônant Ferdinand, il remplaça ce roi
Par Joseph Bonaparte, un frère du vainqueur,
Qui n'eut des Espagnols ni l'appui, ni le cœur.
Une ligue acharnée se formait en ce temps
Chez les Autrichiens et chez les Allemands
Contre Napoléon qui bientôt accourut,
Les défit à Wagram, leur imposa tribut ;
Ces triomphes nouveaux eurent pour résultat

1. Les Puissances coalisées avaient armé 80,000 hommes.
2. Bataille d'Austerlitz, 2 décembre 1805.
3. 270 canons furent pris à Austerlitz par les Français et servirent
à faire la colonne triomphale de la Place Vendôme, à Paris.
4. Traité de Tilsitt. La moitié de l'Europe fut soumise pendant quelques années à la domination de l'empereur Napoléon Ier.

Une solide paix[1], favorable à l'État.

Après tous ces hauts faits, Napoléon-le-Grand,

Marie-Louise, deuxième épouse de Napoléon.
Par la stérilité toujours privé d'enfant,
Voulut répudier la douce Joséphine,
Épouse d'un cœur d'or, d'une grâce divine;
Marie-Louise[2] obtint l'inappréciable honneur
De partager le trône avec notre Empereur.

Le roi de Rome ou Napoléon II.
L'année suivante, un fils réjouit le grand homme;
Il fut à sa naissance appelé Roi de Rome.

Le pays prospérait au dedans, au dehors;
Cependant la Russie, brûlant, dans tous ses ports,
Nos grands vaisseaux marchands, indisposa la France,
Qui d'un pareil affront voulut tirer vengeance.

Campagne de Russie.
Six cent mille soldats, pleins d'audace et d'ardeur
Partirent pour Moscou, guidés par l'Empereur;
Battirent l'ennemi, contraint de s'enfuir,
Entrèrent à Moscou presque sans coup férir.

Mais peu d'heures après, dans une nuit tranquille,
Un immense incendie détruisit cette ville;
En vain nos bataillons, voulurent s'opposer
Au foyer que le Czar ordonnait d'attiser;
Tout fut anéanti: les habitations,
Les vivres, les chevaux et les munitions;
L'hiver vint ajouter sa terrible rigueur
Aux maux de nos soldats. Dès lors notre Empereur,
Forcé de renoncer à ses plans de conquête,
Dut faire commencer la fatale retraite
Où la faim et le froid et le fer ennemi
Réduisirent l'armée des trois quarts et demi.

1. Traité de Vienne.
2. Marie-Louise, la nouvelle Impératrice des Français, était fille de François II, empereur d'Autriche.

Apprenant ces revers les peuples subjugués[1]
Contre Napoléon sont de nouveaux ligués,
L'Empereur les combat aux journées de Bautzen,
Aux environs de Dresde et auprès de Lutzen ;
Mais, malgré ses efforts, Leipsik le vit tomber,
Et sous les coups du nombre il dut bien succomber[2].

La journée de Leipsik ranima l'espérance
Des princes alliés, qui rentrèrent en France.
L'empereur eut sur eux un triomphe nouveau
A Château-Thierry, Montmirail, Montereau.

LES BOURBONS.

LOUIS XVIII (1814).

Nonobstant cet échec, les étrangers unis,
Continuant leur marche, entrèrent à Paris[3].
Forcèrent l'Empereur à renoncer au trône,
Pour céder aux Bourbons le sceptre et la couronne[4].

Quant à Napoléon, à son tour subjugué,
Il gagna l'île d'Elbe où il fut relégué,
Cependant les Français que l'émigration
Avait sauvés des coups de la Convention
Rentrèrent rassurés. Les Princes à leur tour,
Du nouveau roi Louis vinrent former la cour ;
C'étaient les ducs Bourbons, de Berri, d'Angoulême.

Napoléon
à
l'île d'Elbe.

1. Dans la coalition formée contre Napoléon étaient entrés l'empereur d'Autriche, son beau-père, ainsi que les Prussiens et les Russes.
2. A Leipsik l'armée des alliés était deux fois plus nombreuse que la
nôtre qui soutint néanmoins la lutte pendant trois jours.
3. Entrée des étrangers à Paris, 31 mars 1814.
4. Les Bourbons remontèrent sur le trône de France dans la personne
de Louis XVIII, frère de Louis XVI.

Mais le duc de Berri périt par la main même
D'un infâme assassin. Son fils, duc de Bordeaux,
Est l'arrière-neveu du roi de l'échafaud[1].

Le nouveau roi de France, évitant les abus
Par lesquels, avant lui, les rois s'étaient perdus,
Fit hommage aux Français d'une charte nouvelle,
Vulgairement nommée *Constitutionnelle;*
Il établit deux corps, soutiens de ses pouvoirs,
Protecteurs des sujets, gages de leurs devoirs :
L'un, la Chambre des Pairs, remplaça le Sénat ;
L'autre[2], au nom du pays, fit les lois de l'État.
Mais le ressentiment des anciens émigrants
Aigrit contre le roi le cœur des mécontents.

Napoléon quitte l'île d'Elbe.

Instruit de tout cela Bonaparte eut l'espoir
De ressaisir bientôt son trône et son pouvoir ;
Il quitta l'île d'Elbe ; et de Canne à Paris,
Il vit grossir les rangs de ses anciens amis ;
Les bataillons nombreux envoyés contre lui,
Passant sous son drapeau, s'en montrèrent l'appui.
Si bien qu'en peu de jours, avec ses compagnons,
Il revint à Paris et chassa les Bourbons.

LES CENT-JOURS (1815).

Les Puissances alors de nouveau s'allièrent[3]
Et contre l'Empereur ensemble se levèrent.
Celui-ci mit sur pied une nombreuse armée
Qui dans cinquante jours dut être organisée.

1. Louis XVI qui mourut précédemment sur l'échafaud.
2. La chambre des députés.
3. L'Angleterre, la Prusse et la Belgique s'unirent contre nous.

Voici Waterloo ; là, contre l'Angleterre,
Notre grand Empereur recommença la guerre.
  On vit dans ce combat un long balancement.
De toutes parts on mit beaucoup d'acharnement ;
Après une journée d'héroïsme et de gloire,
Les Français l'emportant comptaient sur la victoire,
Lorsque les Prussiens, commandés par Blücher[1] ;
Renforçant les Anglais, vinrent nous arracher
Tout espoir de succès. — Napoléon battu.

LA RESTAURATION (1815).

L'étranger nous impose un onéreux tribut
Et sur le trône enfin il rétablit le roi[2]
Que la France épuisée accepta cette fois.
  Waterloo mit fin au règne de Cent Jours
Du Grand-Napoléon, qui crut avoir recours
A l'hospitalité du peuple Britannique ;
Mais il fut bien trompé. Nonobstant sa supplique,
Le Grand-Homme vogua vers les brûlants déserts
De l'île Sainte-Hélène, à la merci des mers.
  Sur un âpre rocher et loin de sa patrie,
Dévoré de chagrin, il termina sa vie[3].
Il y fut inhumé pour attendre le jour
Où devait s'accomplir de son corps le retour[4].

Napoléon
à
Ste-Hélène.

1. Quatre-vingt mille Prussiens, après une défaite que Napoléon leur avait fait subir quelques jours avant, vinrent au secours des Anglais à la fin de la journée de Waterloo, et rendirent nos désastres inévitables.
   2. Louis XVIII.
   3. Napoléon mourut à Sainte-Hélène le 5 mai 1821.
   4. Son cercueil fut rapporté en France le 15 décembre 1840, sous Louis-Philippe Ier.

Cependant de Louis[1] le terme s'approchait,
Et bientôt par la mort son règne s'achevait.

CHARLES X (1824).

Son frère, Charles X, fut notre souverain ;
Sa flotte défendit les Grecs à Navarin,
En culbutant les Turcs. Il eut encor l'honneur
De conquérir Alger où notre ambassadeur,
Insulté par le Dey, réclama la vengeance.
L'Algérie depuis lors appartient à la France,
   Mais bientôt Charles X, cédant aux courtisans,
Modifia la charte et fit des mécontents.
Dès le moment fatal où furent contestés
Les gages de nos droits et de nos libertés,
Le peuple prit les armes et combattit trois jours[2]
Pour défendre ses droits qu'il défendra toujours.

(en marge : Conquête de l'Algérie.)

LOUIS-PHILIPPE Ier (1830).

Charles X renversé, Philippe d'Orléans[3]
Gouverna les Français pendant deux fois neuf ans.

1. Louis XVIII.
2. Les journées des 27, 28 et 29 juillet 1830.
3. Le duc d'Orléans monta sur le trône de France, le 9 août 1830,
sous le nom de Louis-Philippe Ier.

Après les journées de Février 1848, Louis-Philippe Ier fut chassé de France, et la République fut proclamée le 28 février 1848.

La République dura trois ans, après lesquels le Président, Louis-Napoléon Bonaparte, neveu de Napoléon Ier, fut fait empereur sous le nom de Napoléon III.

A ce second Empire, qui finit au désastre de Sedan, succéda de nouveau la République, le 4 septembre 1870.

Napoléon III est décédé en Angleterre le 9 janvier 1873.

Par suite de la malheureuse guerre soutenue par la France contre la Prusse, en 1870-71, nous avons perdu l'Alsace et la Lorraine, c'est-à-dire 4 départements, 14 arrondissements, 97 cantons, 1,689 communes et 1,597,238 habitants. Il nous a été de plus imposé l'énorme indemnité de guerre de 5 milliards de francs.

La reconstitution de deux départements, de deux arrondissements et de trois cantons, avec les débris de ceux qui nous ont été enlevés par la Prusse, et la création de quelques nouveaux cantons, nous ont laissé actuellement : 86 départements; 362 arrondissements ; 2,857 cantons ; 35,859 communes et un peu plus de 36 millions d'habitants. (Recensement de 1872.)

CHRONOLOGIE

DES

ROIS DE FRANCE

ORDRE SUCCESSIF

LA FRANCE

INDUSTRIELLE

(EN 1870)

EN QUATRE CENTS VERS ALEXANDRINS

———

ÉTUDIEZ AVANT TOUT LA GÉOGRAPHIE DE FRANCE
PAR DÉPARTEMENTS, SUR LA CARTE MÊME.

LA FRANCE

INDUSTRIELLE

POINTS CARDINAUX.

Nord ou Septentrion, Levant-Est-Orient,
Sud autrement Midi, Ouest soit Occident.
  Sur les cartes le Nord se place dans le haut ;
Le Midi, dans le bas ; l'Est à droite aussitôt ;
L'Ouest ne peut choisir, il se dresse et s'approche,
Tout heureux de pouvoir se placer à la gauche.

PARTIES DU MONDE [1].

Notre Globe aux trois quarts couvert d'une eau profonde,
Offre, en deux continents, les cinq parties du monde :

                 250   150   390
Pour l'ancien continent, Europe, Afrique, Asie ;

  55   20
Amérique au nouveau, comme l'Océanie.

1. Les chiffres ci-dessus indiquent en millions d'âmes la population
de chaque partie du monde. — La population totale du Globe est de
865 millions d'habitants.

EUROPE.

L'Europe forme en tout quinze Gouvernements,
Qu'on désigne au moyen des noms propres suivants [1] :

5   5   38   6   38
Belgique, Danemark, France, Suède, Allemagne ;

25   4   35   2   16
Italie, Portugal, Hollande, Grèce, Espagne ;

2   33   70
Ajoutons les contrées, Suisse, Autriche, Russie,

20   11
Et pour en avoir quinze, Angleterre, Turquie.

—

De ces gouvernements les cités principales
Se rangent ci-après. On les dit capitales :

160   700   200   50   2,000
Copenhague, Berlin, Rome, Athènes, Paris ;

3,000   600   600   130   500
Londres, Saint-Pétersbourg, Vienne, Stockolm, Madrid ;

190   265   800   40
Bruxelles, Amsterdam, Constantinople, Bâle,

300
Lisbonne en Portugal, quinzième capitale,

1. Les chiffres placés au-dessus des noms de contrées et des Capitales
en indiquent la population en millions pour les contrées, et en mille
âmes pour les capitales. — Les langues les plus usitées en Europe sont :
Le Français, l'Anglais, l'Allemand, l'Espagnol, le Portugais, l'Italien,
le Russe, le Grec.

PRINCIPAUX FLEUVES DE FRANCE [1].

Nos fleuves principaux sont la Seine et le Rhône ;
Le Rhin, le Var, l'Escaut, la Gironde-Garonne ;
La Charente, la Meuse, et la Loire, et l'Adour ;
Mais la Loire, on le sait, a le plus long parcours ;

RIVIÈRES TRIBUTAIRES.

Elle [2] reçoit l'Allier, la Nièvre près Nevers,
Mayenne près Angers, sous Tours l'Indre et le Cher ;
La Durance traîtresse et la Saône et l'Isère,
Sont du Rhône fougueux de bouillants tributaires ;
La Gironde reçoit, tout à l'aise et sans bruit,
Le Tarn et la Dordogne et le Lot qui tant nuit.
La Seine dans son cours, en amont de Pontoise,
S'augmente de l'Yonne, et de Marne et de l'Oise.

PRINCIPALES RIVIÈRES.

En second lieu, chez nous, la Meurthe, l'Armançon,
La Vezère, la Sarthe ainsi que l'Aveyron,
La Somme, la Charente et d'autres affluents
Répandent çà et là des trésors abondants.

1. L'étendue de pays dont les eaux alimentent un fleuve ou une rivière s'appelle le bassin de ce fleuve ou de cette rivière. Il existe entre chaque bassin des élévations de terrain plus ou moins considérables qui partagent les eaux. — Les principaux bassins de la France sont ceux de la Seine, de la Loire, de la Garonne, du Rhône et du Rhin. — Les rivières et les torrents sont formés par les bassins secondaires. — La droite ou la gauche d'un cours d'eau est le côté qui répond à la droite ou à la gauche de la personne qui descend avec ce cours d'eau.

2. La Loire.

CANAUX.

A ces cours naturels ajoutons les canaux
Construits par l'art humain. — Voici les principaux :
Canal de Saint-Quentin, de Bretagne et moins loin,
D'Orléans, du Midi, de Bourgogne et de Loing
De la Somme, de l'Ourcq, du Centre, de Briare.
Chacun de ces canaux est éclairé d'un phare.

LES CHEFS-LIEUX DES 89 DÉPARTEMENTS DE LA FRANCE (en 1870).

14-260	9-574	14-302		49-428
Ajaccio[1],	**Saint-Lô,**	**Bar-le-duc,**	et	**Nancy,**
Corse.	Manche.	Meuse.		Meurthe.

15-401	11-354	18-600	14-372	15-373	10-274
Beauvais,	**Melun,**	**Mâcon,**	**Bourg,**	**Auxerre,**	**Annecy;**
Oise.	Seine-et-M.	Saône-et-L.	Ain.	Yonne.	Hte-Savoie.

20-289	42-357	17-376	30-337	11-419
Carcassonne,	**Orléans,**	**Moulins,**	**Bourge,**	**Épinal,**
Aude.	Loiret.	Allier.	Cher.	Vosges.

5-143	24-378	35-262	17-313	111-599	22-368
Digne,	**Angoulême,**	**Troyes,**	**Le Puy,**	**Nantes,**	**Laval;**
B.-Alpes.	Charente.	Aube.	Haute-Loire.	Loire-Inf.	Mayenne.

12-394	5-307		16-391	54-452
Évreux,	**Mont-de-Marsan,**	**Châlons-sur-Marne,**		**Metz,**
Eure.	Landes.		Marne.	Moselle.

5-250	27-229	41-325	40-584	17-328	11-400
Foix,	**Montauban,**	**Poitiers,**	**Grenoble,**	**Agen,**	**Rodez;**
Ariège.	Tarn-et-Garonne.	Vienne.	Isère.	Lot-et-G.	Aveyron.

8-122	61-573	16-278	16-641	14-240	16-415
Gap,	**Amiens,**	**Châteauroux,**	**St-Brieuc,**	**Tarbe,**	**Alençon,**
Htes-Al.	Somme.	Indre	Côtes-du-N.	Hautes-P.	Orne.

1. Le premier chiffre placé au-dessus des noms des villes en indique la population en mille âmes, et le second la population du département.

30-480   10-236   54-532   10-565   46-298
La Rochelle, Aurillac, Angers, Laon, Besançon;
Charente–Infér.   Cantal.   Maine-et-L.   Aisne.   Doubs.

300-548   25-750   18-343   5-327   10-308
Marseille, Arras, Nevers, Mézières, Draguignan,
B.-du-Rhône. Pas-de-C. Nièvre.   Ardennes.   Var.

60-430   38-383   5-274   50-534   23-189
Nîmes, Dijon, Guéret, Versailles, Perpignan;
Gard.   Côte-d'Or.   Creuse.   Seine-et-Oise. Pyrénées-Orientales.

1825-2151   22-530   6-387   11-296   8-404
Paris, Colmar, Privas, Auch, Napoléonville,
Seine.   Haut-Rhin.   Ardèche.   Gers.   Vendée.

11-662   19-291   323-667   6-137   15-355   7-318   154-1392
Quimper, Chartres, Lyon, Mende, Alby, Vesoul, Lille.
Finistère.   Eure-et-Loir. Rhône.   Lozère.   Tarn.   Hte-Saône. Nord.

49-593   37-572   45-464   36-266   21-435
Rennes, Clermont-Ferrand, Le Mans, Avignon, Pau.
Ille-et-Vil.   Puy-de-Dôme.   Sarthe.   Vaucluse. Basses-Pyr.

96-537   84-589   14-501   20-333   194-702
St-Étienne, Strasbourg, Vannes, Niort, Bordeaux;
Loire.   Bas-Rhin.   Morbihan. Deux-Sèvres.   Gironde.

12-311   53-326   42-325   19-272   50-199   41-475
Tulle, Limoges, Tours, Chambéry, Nice, Caen.
Corrèze. Haute-Vienne. Indre-et-L.   Savoie.   Alpes-M. Calvados.

18-324   19-503   126-494   20-276   100-793
Valence, Périgueux, Toulouse, Blois, Rouen.
Drôme.   Dordogne.   Hte-Garonne. Loir-et-Cher. Seine-Inf.

7-259   55-427   13-289   9-298
Chaumont, Montpellier, Cahors, Lons-le-Saulnier,
Haute-Marne.   Hérault.   Lot.   Jura.

Qui long d'un décimètre est dit tout le dernier[1].

----

1. Il y a en France 89 départements, 363 arrondissements, 2,938 cantons et 36,510 communes. — Chaque département est administré par un préfet; chaque arrondissement par un sous-préfet; chaque commune par un maire. — Il y a un juge de paix dans chaque canton.

Ces vers venus au monde en ordre alphabétique
De nos départements donnent la statistique,
Villes, divisions y montrent au chapeau
De leurs nombreux enfants l'orgueilleux écriteau,
Chacun de ces enfants semble dire à la France :
Mère, compte sur nous pour prendre ta défense.

ARCHEVÊCHÉS ET ÉVÊCHÉS [1].

Paris, Chartres, Quimper, Mende, Alby, Besançon,
Seine.   Eure-et-Loir.   Finistère.   Lozère.   Tarn.   Doubs.

Auch, Avignon, Le Mans, Clermont-Ferrand, Soissons ;
Gers.   Vaucluse.   Sarthe.   Puy-de-Dôme.   Aisne.

Vannes, Strasbourg, Pamiers, Périgueux, Perpignan,
Morbihan.   Bas-Rhin.   Ariège.   Dordogne.   Pyrénées-Orient.

Tulle, Toulouse, Tours, Tarbes, Cahors, Rouen ;
Corrèze.   Hte-Garonne.   Indre-et-L.   Hautes-Pyr.   Lot.   Seine-Infér.

Agen, Limoges, Lyon, Arras, Nevers, Nancy,
Lot-et-Gar.   Haute-Vienne.   Rhône.   Pas-de-Cal.   Nièvre.   Meurthe.

Nîmes, Dijon, Évreux, Versailles, Annecy ;
Gard.   Côte-d'Or.   Eure.   Seine-et-Oise.   Haute-Savoie.

Carcassonne, Orléans, Moulins, Bourges, Verdun,
Aude.   Loiret.   Allier.   Cher.   Meuse.

---

1. La croix †, placée au-dessus des noms de ville, indique les archevêchés.

Digne, Angoulême, Troyes, Le Puy, Nantes, Autun ;
B.-Alpes. Charente. Aube. Haute-Loire. Loire-Inf. S.-et-Loire.

La Rochelle, Beauvais, Châlons-sur-Marne, Metz,
Charente-Infér. Oise. Marne. Moselle.

Grenoble, Gap, Amiens, Cambrai, Poitiers, Rodez ;
Isère. Hautes-Alpes. Somme. Nord. Vienne. Aveyron.

Chambéry, Nice, Blois, Coutances, Montpellier,
Savoie. Alpes-Marit. Loir-et-C. Manche. Hérault.

Saint-Dié, Saint-Flour, Saint-Brieuc, et Séez, et Viviers ;
Vosges. Cantal. Côtes-du-Nord. Orne. Ardèche.

Ajaccio, Bayeux, Rennes, Bayonne, Meaux,
Corse. Calvados. Ille-et-Vilaine. B.-Pyrénées. Seine-et-Marne.

Marseille, Aire, Fréjus, Luçon, Langres, Bordeaux,
B.-du-Rhône. Landes. Var. Vendée. Haute-Marne. Gironde.

Belley, St-Claude, Sens, Aix, Montauban, Valence,
Ain. Jura. Yonne. B.-du-R. Tarn-et-Garonne. Drôme.

Laval, Reims, qu'occupa *le Baptiste* de France ;
Mayenne. Marne.

De plus dans la Savoie, Tarentaise et Saint-Jean,
Maurienne.

Dans l'Algérie, Alger, Constantine et Oran

(88 sièges)

La loi ou concordat du 8 avril 1801 qui a réglé l'exercice du culte catholique en France, a aussi réglé celui du culte protestant.

L'organisation du culte israélite date du décret du 17 mars 1808.

BELLES CATHÉDRALES [1].

1825 — 8 — 60 — 56 — 4 — 83
Paris, Langres, Amiens, Reims, Avesnes, Strasbourg,
Seine. Haute-Marne. Somme. Marne. Nord. Bas-Rhin.

35 — 323 — 60 — 15 — 4 — 37 — 5
Troyes, Lyon, Metz, Auxerre, Embrun, Clermont, St-Flour;
Aube. Rhône. Moselle. Yonne. H.-Alpes. Puy-de-Dôme. Cantal.

26 — 20 — 23 — 11 — 8 — 37
Arras, Chartres, Cambrai, Meaux, Coutances, Le Mans,
P.-de-C. E.-et-Loir. Nord. S.-et-Marne. Manche. Sarthe.

4 — 12 — 17 — 6 — 12 — 12
Séez, Autun, Châlons, Noyon, Rodez, et Sens;
Orne. S.-et-Loire. Marne. Oise. Aveyron. Yonne.

50 — 15 — 52 — 20 — 19
Orléans, Bourg, Angers, Carcassonne, Nevers,
Loiret. Ain. Maine-et-Loire. Aude. Nièvre.

15 — 10 — 16 — 5 — 10 — 12
Vannes, Soissons, Beauvais, Mantes, Saint-Lô, Quimper;
Morbihan. Aisne. Oise. Seine-et-Oise. Manche. Finistère.

28 — 20 — 30 — 41 — 16 — 47
Bourges, Vienne, Poitiers, Tours, Alby, Besançon,
Cher. Isère. Vienne. Indre-et-Loire. Tarn. Doubs.

12 — 24 — 17 — 25 — 17
Auch, Perpignan, Le Puy, Angoulême, Alençon:
Gers. Pyrén.-Orientales. Haute-Loire. Charente. Orne.

---

1. Les chiffres placés au-dessus des noms des villes indiquent en mille âmes la population de ces villes.

5   10   194   14   22   10

Digne, Bayeux, Bordeaux, Évreux, Saint-Denis, Laon,
B.-Alpes. Calvados. Gironde. Eure. Seine. Aisne.

300   4   4   30   102

Marseille, Dol, Luçon, Saint-Quentin et Rouen ;
B.-du-Rhône. Ile-et-Vil. Vendée. Aisne. Seine-Inférieure.

Chantent de l'Éternel les louanges, la gloire,
Dans les temples où l'art intéresse l'histoire[1].

ACADÉMIES [2].

Aix, Rennes, Besançon, Bordeaux, Caen, Chambéry,
  6   7   3   5   6   2

Grenoble, Montpellier, Lyon, Poitiers, Nancy ;
  4   5   4   8   3

Paris, Clermont, Toulouse, Alger, Douai, Dijon,
  9   6   8   3   5   5

De nos académies sont le siège et le nom.

L'Académie d'Aix a dans son ressort les départements des Bouches-du-Rhône, des Alpes-Maritimes, des
Basses-Alpes, de la Corse, du Var et de Vaucluse. —
Chaque académie est administrée par un recteur qui a
sous ses ordres immédiats les inspecteurs d'académie.
C'est du recteur que dépendent les facultés, les lycées,
les collèges, les établissements secondaires et primaires
de toute nature.

1. Les cathédrales de Paris, de Soissons, de Bourges, de Laon, d'A-
miens, de Chartres, de Rennes, de Sens, de Châlons, de Bordeaux, de
Troyes, d'Auxerre, de Nevers se sont élevées pendant le treizième
siècle, époque du développement de l'architecture ogivale. — Les autres
sont plus anciennes et appartiennent à la construction romane.

2. Les chiffres placés sous les noms des académies indiquent le nombre des départements compris dans le ressort académique.

DIVISIONS MILITAIRES.

1re 2e 4e 7e 9^e

Paris, Lille, Strasbourg, Marseille, Perpignan,

6e 3e 17e 15e 10e 16^e

Lyon, Metz, Bastia, Rennes, Toulouse, Caen;

11e 8e 12e 14e 13^e

Bayonne, Montpellier, Bordeaux, Nantes, Clermont,

5^e

Pour avoir dix-sept, ajoutons Besançon.

L'administration militaire est partagée en 17 divisions dont les quartiers généraux sont placés dans les villes indiquées ci-dessus.

Les chiffres font connaître le numéro d'ordre attribué à chaque division.

Le chef de chaque division prend le titre de Général.

COURS D'APPEL (27 cours).

17 15 194 30 22 340

Agen [1], Bastia, Bordeaux, Bourges, Colmar, Lyon,
Lot-et-G. Corse. Gironde. Cher. Haut-Rhin. Rhône.

61 19 41 42 21 13

Amiens, Douai, Poitiers, Orléans, Pau, Riom.
Somme. Nord. Vienne. Loiret. B.-Pyrénées. Puy-de-D.

54 41 46 60 100 1825

Angers, Caen, Besançon, Nîmes, Rouen, Paris.
Maine-et-L. Calvados. Doubs. Gard. Seine-Inférieure. Seine.

49 40 54 55 49

Rennes, Grenoble, Metz, Montpellier et Nancy;
Ille-et-Vil. Isère. Moselle. Hérault. Meurthe.

1. Les chiffres indiquent la population en mille âmes.

Ajoutons-y Dijon, Toulouse, Aix, et Limoges.
38 — Côte-d'Or. 126 — Hte-Garonne. 23 — B.-du-Rhône. 55 — Haute-Vienne.

C'est là que pour l'appel Thémis[1] place ses toges.

CHAMBRES DE COMMERCE (33 chambres).

Paris, Bayonne, Metz, Nantes, Nîmes, Rouen,
Seine. B.-Pyrénées. Moselle. Loire-Infér. Gard. Seine-Inférieure.

Marseille, Montpellier, Bordeaux, Boulogne, Caen;
B.-du-Rhône. Hérault. Gironde. Pas-de-Calais. Calvados.

Lyon, Reims, Saint-Malo, Laval, Dunkerque, Lille.
Rhône. Marne. Ile-et-Vilaine. Mayenne. Nord. Nord.

La Rochelle, Orléans, Arras, Saint-Brieuc, Grandville.
Charente-Infér. Loiret. P.-de-Calais. Côtes-du-Nord. Manche.

Carcassonne, Avignon, Amiens, Toulouse, Tours.
Aude. Vaucluse Somme. Haute-Garonne. Indre-et-L.

Dieppe, Troyes, Besançon, Lorient, Strasbourg,
Seine-Inf. Aube. Doubs. Morbihan. Bas-Rhin.

Le Havre (trente-trois). . . . .
Seine-Inférieure.

Dans chacun de ces lieux une chambre s'exerce
A protéger les Arts, l'Industrie, le Commerce.

Il y a en France 33 chambres de commerce dont les sièges sont désignés plus haut. Ces chambres présentent au gouvernement leurs vues sur les moyens d'accroître la prospérité du commerce et de détruire les causes qui en arrêtent les progrès.

---

1. Thémis, déesse de la justice.

COTONNADES. — PRINCIPALES FABRIQUES ET FILATURES.

La toile, comme tous les tissus ordinaires, se fait avec des fils qu'on croise alternativement les uns sur les autres. Pour obtenir ce croisement on tend, sur toute la longueur de l'étoffe, des fils qui forment ce qu'on appelle la *chaîne;* ils sont séparés deux à deux de telle façon que la moitié est en haut et la moitié en bas, afin de pouvoir faire passer en travers la navette qui amène le fil *de la trame.*

Les fils de chanvre et de lin se font avec la quenouille et le fuseau, avec le rouet, ou enfin à la mécanique. Les métiers, mus par l'eau ou la vapeur et armés d'un très grand nombre de bobines, produisent à la fois trois ou quatre cents fils.

C'est surtout par les machines qu'on prépare les fils de laine et de coton. On emploie à cet effet les *cardeuses*, les *peigneuses*, enfin les métiers qui donnent les draps.

On soumet ces derniers à l'action du foulon ; après cette opération, soigneusement revue, on les tond, puis on leur donne le lustre au moyen de presses.

Quand il s'agit d'étoffes façonnées le travail se complique. Mais les célèbres Vaucanson de Grenoble et Jacquard de Lyon ont, l'un inventé, l'autre perfectionné, une machine qui abrège considérablement le tissage des étoffes.

59

Mulhouse[1] est renommée par ses nombreux tissus,
Haut-Rhin.

1. Les chiffres indiquent, ici et dans les pages suivantes, la population en mille âmes.

Tissus blancs, tissus teints, imprimés au surplus;

1   12
Guebwiller (Haut-Rhin), Sainte-Marie-aux-Mines
                                          Haut-Rhin.

36
Font, aussi bien que Troyes, des cotonnades fines,
                          Aube.

100   8   10   12
Rouen, Falaise, Flers, Évreux et autres lieux
Seine-Inf. Calvados, Orne. Eure.

N'en fabriquent pas plus, n'en fabriquent pas mieux.

33   61   154
Dans l'Aisne, Saint-Quentin, plus loin Amiens et Lille
                                Somme.   Nord.

Rivalisent sans cesse avec toutes ces villes.

15   19   4
Tarare en Lyonnais et Roanne et Vichy
Rhône.   Loire.   Allier.

Font à leur tour aussi des tissus de grand prix.
D'autres centres encor travaillent les cotons,
Les voici, cher lecteur, retenez-en les noms :

60   21   8   12   5
Nîmes, Castres, Figeac, Auch, et Belley dans l'Ain,
Gard.   Tarn.   Lot.   Gers.   Ain.

2   10   9   3
Amplepuis, Saint-Dié, puis Yvetot, Mortain;
Rhône.   Vosges.   Seine-Infér. Manche.

20   4   4   8   4
Valence, Saint-Calais, Die, Gap et Sisteron,
Drôme.   Sarthe.   Drôme. Hautes-Al. Basses-Alpes.

Thizy-en-Lyonnais, Guingamp, Remiremont;
Côtes-du-Nord.   Vosges.

Nul besoin d'indiquer Paris pour ce commerce;
En grand cette industrie plus qu'ailleurs s'y exerce.

TOILES [1]. — PRINCIPALES FABRIQUES.

Les toiles ou tissus et de chanvre et de lin

Règnent à Armentières, à Lille, à Saint-Quentin;
Nord.   Nord.   Aisne.

A Dunkerque, à Cambrai, puis Valenciennes (Nord).
Nord.   Nord.

Dans la Somme à Amiens, et Abbeville encor;
Somme.

Les toiles sont ouvrées à Laval, à Fresnay,
Mayenne.   Sarthe.

A Vimoutiers, à Vire, à Lisieux, à Bernay;
Orne.   Calvados.   Calvados.   Eure.

A Douai, puis Roubaix, à Tourcoing, à Guingamp,
Nord.   Nord.   Nord.   Côtes-du-Nord.

A Rennes, à Vitré, le Mans, et Montauban;
Ile-et-Vilaine. Ile-et-Vilaine. Sarthe. Tarn-et-Garonne.

1. La toile batiste est une espèce de toile de lin très fine. — Le coutil est une toile forte et serrée pour les traversins. — La cretonne est une toile blanche et très forte de Normandie.

A Fougères, à Montfort, à Pontivy, puis Dreux,
Ille-et-Vilaine. Ille-et-Vilaine. Morbihan. Eure-et-Loir.

A Mortargne, à Mortain, à Senlis, puis Évreux ;
Orne. Manche. Oise. Eure.

A Bellac, à Bressuire, à Castel-Sarrazin,
Haute-Vienne. Deux-Sèvres. Tarn-et-Garonne.

A Mayenne, à Mamers, à Nantes, à Quentin ;
Mayenne. Sarthe. Loire-Inférieure. Côtes-du-Nord.

A Doulens, à Colmar, à Cholet, à Voiron,
Somme. Haut-Rhin. Maine-et-Loire. Isère.

A Uzel, à Angers, à Cherbourg, à Clermont ;
Côtes-du-Nord. Maine-et-Loire. Manche. Oise.

A Brioude, à Villefranche, au Blanc, à Landerneau,
Haute-Loire. Aveyron. Indre. Finistère.

A La Ferté-Bernard, à Barbezieux, à Pau ;
Sarthe. Charente. Basses-Pyrénées.

A Arras, à Béthune, à Rives, à Bellac,
Pas-de-Calais. Pas-de-Calais. Isère. Haute-Vienne.

A La Ferté-Macé, Péronne et Loudéac.
Orne. Somme. Côtes-du-Nord.

A Agen, Épinal, Évron et Alençon,
Lot-et-Garonne. Vosges. Mayenne. Orne.

A Issoire, à Dinan et à Remiremont ;
Puy-de-Dôme. Côtes-du-Nord. Vosges.

18   10   14
Hazebrouck, Schlestadt, Villeneuve-d'Agen
Nord.   Bas-Rhin.   Lot-et-Garonne.

De l'énumération nous amènent la fin.
La Bretagne fournit une toile serrée,
Le labeur du Breton exige la durée;
Les Vosges, le Béarn et Voiron dans l'Isère
Font cette toile aussi qu'aime la ménagère.

DRAPS ET LAINAGES. — PRINCIPALES FABRIQUES.

Voici les noms des lieux qu'occupe le lainage,
Qui façonnent les draps propres à notre usage.
La laine, après la tonte, est lavée puis cardée,
Filée, tissée, foulée et enfin apprêtée.
De nombreuses fabriques, établies en tous points,
Confient à la vapeur, aux ouvriers ces soins.

65   38   6
On les trouve à Roubaix, à Tourcoing, au Cateau,
Nord.   Nord.   Nord.

Sur les bords de la Somme et sur ceux de l'Escaut;

19   61   33   4
Abbeville et Amiens et Saint-Quentin et Guise
Somme   Somme.   Aisne.   Aisne.

Gagnent beaucoup d'argent à cette marchandise.

3   112   13   7   50
Vatan, Nantes, Lisieux, puis Vire avec Nancy,
Indre. Loire-Infér. Calvados. Calvados. Meurthe.

61   7   7
Puis Reims, Bitschwiller avec Château-Thierry,
Marne.   Bas-Rhin.   Aisne.

25   12   5
Et Vienne en Dauphiné et Lodève et Rével,
  Isère.   Hérault.   Haute-Garonne.

9   8   4   5
Bédarrieux, Mazamet, Chalabre, Ploërmel,
  Hérault.   Tarn.   Aude.   Morbihan.

51   50   5
Limoges, Orléans et La Châtre dans l'Indre,
Haute-Vienne.   Loiret.

S'occupent à carder, à tisser et à teindre ;

                         10   5
On fabrique des draps à Béthune, à Doullens,
                    Pas-de-Calais.   Somme.

22   35   4   5
A Saint-Omer, à Troyes, à Die, puis Saint-Gaudens ;
Pas-de-Calais.   Aube.   Drôme.   Haute-Garonne.

5   4   8   4
A Digne, à Sisteron, à Gap, à Dieu-le-Fit,
Basses-Alpes.   Basses-Alpes. Hautes-Alpes.   Drôme.

7   18   9
A Saint-Pons, à Limoux, à Castelnaudary ;
  Hérault.   Aude.   Aude.

60   3   10   12
A Nimes, à Murat, à Laon, à Tarascon,
  Gard.   Cantal.   Aisne.   Bouches-du-Rhône.

4   12   4   10
A Milhau, Collioure, Embrun et Oloron ;
  Aveyron.   Pyrénées-Orient. Hautes-Alpes.   Basses-Pyrénées.

7   21
On en fabrique aussi à Bernay, à Niort,
                    Eure.   Deux-Sèvres.

2   10   30   14
A Lombez, à Moissac, à Bourges, à Cahors ;
  Gers.   Tarn-et-Garonne.   Cher.   Lot.

A Beauvais, à La Salle, à Tulle, aux Andelys,
Oise. Hautes-Alpes. Corrèze. Eure.

A Ajaccio, puis Tours, à Nyons, à Calvi ;
Corse. Indre-et-Loire. Drôme. Corse.

On en fabrique encore à Vitry-le-Français,
Marne.

A Bar-le-Duc, Alby, Saint-Girons, Saint-Calais ;
Meuse. Tarn. Arriège. Sarthe.

A Parthenay, puis Prats à Gien, Perpignan,
Deux-Sèvres. Pyrénées-Orient. Loiret. Pyrénées-Orient.

Comme à Romorantin, comme à Mont-de-Marsan ;
Loir-et-Cher. Landes.

Les gros draps sont donnés par Dauzy et par Metz ;
Nièvre. Moselle.

Par Draguignan, Jonzac, ainsi que par Rodez ;
Var. Charente-Inférieure. Aveyron.

Tous les draps qu'on prépare aux lieux sus dénommés,
Sont plus ou moins vendus, plus ou moins renommés ;

On estime beaucoup les produits de fabrique,

Qui sortent de Rhétel, de Saint-Lô, Saint-Affrique ;
Ardennes. Manche. Aveyron.

On vante Châteauroux, Castres et Carcassonne,
Indre. Tarn. Aude.

Dont l'étoffe est aussi fine et souple que bonne ;
   Mais les plus estimés, les mieux faits, les plus fins,

Sont les draps de Sedan, ceux d'Elbeuf et de Reims,
      Ardennes.   Seine-Inférieure.   Marne.

Et, parmi tous ces draps de mainte provenance,

Les Louviers ont le pas sur tous ceux de la France.

DENTELLES ET BLONDES. — PRINCIPALES FABRIQUES.

Valenciennes, Le Puy, Dieppe, Alençon, Cherbourg.
  Nord.   Haute-Loire. Seine-Infér. Orne.   Manche.

Aurillac, Douai, Avranche, Mirecourt ;
Cantal.   Nord.   Manche.   Vosges.

Pont-L'Évèque, Troarn, Lille, Arras, Chantilly,
Calvados·   Calvados. Nord. Pas-de-Calais. Oise.

Guine, Argentan, Bayeux, Issingeaux, Caen, Senlis :
P.-de-Cal.   Orne.   Calvados. Haute-Loire. Calvados. Oise.

Et Bailleul dans le nord, fournissent des dentelles,
En tous lieux réputées fines, bonnes et belles.

SOIERIES. — PRINCIPALES FABRIQUES.

4   3   3   7

Dieu-le-Fit, Forcalquier, l'Argentière Privas,
Drôme.   Basses-Alpes.   Ardèche.   Ardèche.

6   4   18   8

Manosque, Sisteron, Annonay, Aubenas;
Basses-Alpes.   Basses-Alpes.   Ardèche.   Ardèche.

4   8   20   60   330

Valleraugue, Lavaur, Alais, Nîmes, Lyon,
Gard.   Tarn.   Gard.   Gard.   Rhône.

26   11   4   11   4

Arles, Montélimart, Die, Carpentras, Nyon;
B.-du-Rhône.   Drôme.   Drôme.   Vaucluse.   Drôme.

6   4   11   36   97

Uzès, Nantua, Romans, Avignon, Saint-Étienne,
Gard.   Ain.   Drôme.   Vaucluse.   Loire.

5   13   6   25

Le Vigan, Saint-Chamond, enfin Tournon et Vienne.
Gard.   Loire.   Ardèche.   Isère.

Là, la soie se prépare en diverse façon ;
On estime surtout celle de Briançon.

BONNETERIE.

15   10   60   6

Auxerre, Schelestadt, Amiens, Pont-Audemer,
Yonne.   Bas-Rhin.   Somme.   Eure.

26   5   60   7

Arras, Les Andelys, Nîmes, Bischewiller,
P.-de-Cal.   Eure.   Gard.   Bas-Rhin.

13   36   5   6   9   42

Calais, Troyes, Le Vigan, Uzès, Falaise, Caen,
Pas-de-C.   Aube.   Gard.   Gard. Calvados. Calvados.

47   50   330   3   10

Besançon, Orléans, Lyon, Vervins et Laon.
Doubs.   Loiret.   Rhône.   Aisne.   Aisne.

Pour revêtir le corps, des pieds jusqu'à la tête
Fabriquent le tricot, le bonnet, la chaussette.

———

GANTS. — PRINCIPALES FABRIQUES.

40   20   21   15   9

Grenoble, Blois, Niort, Lunéville, Chaumont,
Isère. Loir-et-Cher. Deux-Sèvres. Meurthe. Haute-Marne.

20   7   12

Vendôme, Saint-Junien, Millau dans l'Aveyron,
Loir-et-Cher.   Haute-Vienne.

Travaillent à pourvoir ceux d'entre les humains
Qui mignons ou douillets, craignent trop l'air aux mains.

———

PRINCIPAUX CENTRES DE COMMERCE DE BLÉ, DE FABRICATIONS DE FARINES.

Le froment, le seigle, l'épautre, l'orge, l'avoine, le maïs sont désignés sous le noms commun de *céréales*.

Le froment est la plus précieuse des céréales. En France on consacre à cette culture sept millions d'hectares qui rendent, en moyenne, treize hectolitres par hectare. La Basse-Loire, la région du Nord-Ouest, le Grésivaudan sont les parties les plus fertiles en froment.

Le seigle est produit par les terres légères des contrées froides et montagneuses comme les Alpes et le plateau central. Il occupe 2,000,000 d'hectares.

L'épautre n'est guère cultivé que dans les Cévennes et les Vosges.

L'avoine dont on tire le *gruau* est surtout employé à la nourriture des chevaux. Elle est principalement produite par le Nord-Ouest de la France. On consacre à cette culture environ trois millions d'hectares.

L'orge vient dans les mêmes terres que le blé, elle se sème au printemps sur un million d'hectares.

Le maïs est particulièrement cultivé dans la Bourgogne, la Franche-Comté et dans la partie Sud-Ouest.

Le sarrasin ou blé noir croît en Bretagne, dans le Midi, en Picardie, en Flandre; on en fait un pain de qualité bien inférieure.

—

5	26	10	5	6
Doulens,	Arras,	Moissac,	Bar-sur-Aube,	Gannat,
Somme.	P.-de-Calais.	Tarn-et-Gar.	Aube.	Allier.

4	5	12	3	2	3
Roye,	Péronne,	Épinal,	Altkirch,	Étain,	Murat ;
Somme.	Somme.	Vosges.	Haut-Rhin.	Meuse.	Cantal.

14	5	4	7	3
Bourg,	Sainte-Ménehould,	Sézanne,	Gray,	Vouziers,
Ain.	Marne.	Marne.	Haute-Saône.	Ardennes.

7	3	4	26	31
Les Sables,	La Ferté,	Gisors,	Arles,	Poitiers ;
Vendée.	Seine-et-Marne.	Eure.	B.-du-Rhône.	Vienne.

20	8	5	7	10
Chartres,	Étampes,	Corbeil,	Castelnaudary,	Meaux ;
Eure-et-Loire.	Seine-et-Oise.	Seine-et-Oise.	Aude.	Seine-et-Marne.

5 6 17 5
Mantes, Pontoise, Alby, Coulommiers, Le Mineaux;
S.-et-Oise. Seine-et-Oise. Tarn. Seine-et-Marne. Lot-et-Garonne.

10 8 7 11
Lons-le-Saulnier, Condom, Château-Gontier, Melun,.
Jura. Gers. Mayenne. Seine-et-Marne.

11 7 8 7
Soissons. Château-Thierry, Provins et Issoudun;
Aisne. Aisne. Seine-et-Marne. Haute-Vienne.

300 1825 75 335
Marseille avec Paris, Le Havre avec Lyon,
B.-du-Rhône. Seine. Seine-Infér. Rhône.

70 194 42 11 40
Brest, Bordeaux Cherbourg, Saint-Nazaire, Clermont;
Finistère. Gironde. Manche. Loire-Inférieure. Puy-de-Dôme.

7 3
Puis Castel-Sarrazin, et, dans le Gers, Fleurance
Tarn-et-Garonne.

Sont les dépôts des Grains, des Farines de France.

LES MEILLEURS VINS DE FRANCE.

La vigne occupe en France près de trois millions d'hectares et fournit des vins recherchés par les autres nations. La récolte annuelle est de plus de 60 millions d'hectolitres.

Nos principaux vins sont ceux de Bourgogne, de Champagne, de Bordeaux et du Midi.

Le bassin de la Charente est très fécond en vins qui, pour la plupart, se distillent et se jettent dans le commerce sous le nom d'*Eaux de vie de Cognac.*

Les meilleurs vins des bords du Rhône sont ceux de l'Ermitage et de la Côte du Rhône.

Dans le Midi on distingue les vins du Roussillon, du Languedoc, de la Corse; les principaux dépôts se font à Cette, à Pézenas, etc.

Le Jura, l'Alsace et la Lorraine ne produisent que des vins de seconde qualité. Ceux d'Auvergne, d'Orléans, de la Touraine, d'Anjou, des environs de Paris servent à la consommation journalière, de même que les produits d'Argenteuil près de Paris.

Si j'étais un milord, un Rothschild, un Crésus,
J'élèverais chez moi la statue de Bacchus;
Autour je placerais, en très grande abondance,
Les liqueurs recherchées, les meilleurs vins de France;
Je vous dirais : Amis, venez me visiter;
Je puis vous recevoir, venez sans hésiter;
Entrons dans cette cave; on y voit de nos vins
Les plus appréciés, les plus chers, les plus fins;
Nous y dégusterons vins mousseux de Champagne,

24
Vins des Côtes-Rôties, de Cette, de Cerdagne.
Rhône.   Hérault.

7
La Bourgogne, Limoux y montrent leurs produits,
Aude.

2
Ainsi que Jurançon et le Médoc leurs fruits.
Basses-Pyrénées.   Gironde.

12
Voilà le Roussillon, l'Aï, puis l'Épernay,
Marne.   Marne.

Le Châblis, le Mâcon, l'Ornans, le Saint-Péray;
Yonne.   Saône-et-Loire.   Doubs.   Ardèche.

Côte-du-Rhône, Ampuis et sa Côte-Rôtie,
Ardèche.   Ardèche.

L'Ermitage, Salins, La Clairette de Die;
Drôme.   Jura.   Drôme.

Saint-Georges, Châteauneuf, Pernes et Chambertin,
Loir-et-Cher.   Vaucluse.   Vaucluse.   Côtes-d'Or.

La Romanée, Saint-Gilles, ainsi que Rabasten;
Côte-d'Or.   Gard.   Tarn.

Rivesaltes, Collioure et les vins de Bordeaux,
Pyrénées-Orient. Pyrénées-Orient.   Gironde.

Les Graves, le Médoc avec ses Trois-Châteaux[1];
Gironde.   Gironde.   Gironde.

Les vins blancs de Condrieu, d'Arbois et de Pouilly,
Rhône.   Jura.   Côte-d'Or.

Les muscats de Lunel, Frontignan et Cassis;
Hérault.   Hérault.   Bouches-du-Rhône.

L'autre compartiment de cette cave immense
Rassemble, étiquetés, d'autres vins de la France:

---

1. Château Margaux. — Château Laffite. — Château Latour.

Voici les Siléry, les Vertus, les Dijon,
Marne.   Marne.   Côte-d'Or.

Les Cosne, les Chinon, les Nuits, les Avallon ;
Nièvre.   Indre-et-Loire.   Côte-d'Or.   Yonne.

Les Joigny, Saint-Jullien, Volnay, Pomard, Auxerre,
Yonne.   Gironde.   Côte-d'Or.   Côte-d'Or.   Yonne.

Les Lure, les Gannat, les Beaune, les Tonnerre ;
Haute-Saône.   Allier.   Côte-d'Or.   Yonne.

La Côte-Saint-André, Valence, Remoulin,
Isère.   Drôme.   Gard.

Les Riez, Draguignan et les Saint-Marcellin ;
Basses-Alpes.   Var.   Isère.

Les Coulanges, les Aix, les Pauillac, les Narbonne,
Yonne.   Bouches-du-Rhône.   Gironde.   Aude.

Les Saint-Émilion, Lesparre, Carcassonne ;
Gironde.   Gironde.   Aude.

Les Tournon, La Ciotat avec ses bons muscats.
Ardèche.   B.-du-Rhône.

Les vins de Perpignan, et ceux de Pézenas.
Pyrénées-Orientales.   Hérault.

Suivent d'autres vins blancs, ce sont ceux de Gaillac,
Tarn.

De Salces, de Saumur, d'Angers, de Bergerac.
Pyr.-Or.   Maine-et-Loire.   Maine-et-Loire.   Dordogne.

Enfin voici placés, en troisième série,
Les autres vins produits par la chère patrie ;

On y lit Bar-le-Duc, Ribeauvillé, Turkheim,
Meuse.   Haut-Rhin.   Haut-Rhin.

Fouganey, Toul, Privas et Castel-Sarrazin ;
Haute-Saône.   Meurthe.   Ardèche.   Tarn-et-Garonne

Gourdon, Cahors, Moissac, Libourne, Pontarlier,
Lot.   Lot.   Tarn-et-Garonne.   Gironde.   Doubs.

La Réole, Orléans, Châtellerault, Vivier ;
Gironde.   Loiret.   Vienne.   Ardèche.

Sancerre, Barbezieux, Ajaccio, Sainte-Foy,
Cher.   Charente.   Corse.   Gironde.

Lannion, Calvi, Bercy, Saint-Jean-d'Angély, Blois,
Côtes-du-Nord.   Corse.   Seine.   Charente-Inférieure.   Loir-et-Cher.

Beaugency, Poligny, Alby, puis Bar-sur-Seine.
Loiret.   Jura.   Tarn.   Aube.

Ma cave, mes amis, doit vous paraître pleine,
Si bien que les Français ne peuvent la vider
Que lorsque l'étranger accourt pour leur aider.

FROMAGES ET BEURRES RENOMMÉS.

1   5   4   10
Roquefort, Gérardmer, Lure, Lons-le-Saulnier,
Aveyron.   Vosges.   Haute-Saône.   Jura (Gruyère).

3   6   5
Ornans, Remiremont, Les Rousses, Pontarlier;
Doubs (Gruyère).   Vosges.   Jura.   Doubs.

8   50   12   1/2   4
Ambert, Rennes, Rodez, Isigny, Neufchâtel,
Puy-de-Dôme.   Ille-et-Vilaine.   Aveyron.   Manche.   Seine-Inférieure.

3   3   3   1
Gex, et Saint-Marcelin, et Gournay, Septmoncel;
Ain.   Isère.   Seine-Inférieure.   Jura.

10   2   12
Saint-Cyr-au-Mont-d'Or, Meaux, Marolles, Épinal,
Rhône.   Seine-et-M. (Brie).   Nord.   Vosges.

6   3
Queyras, le Camembert, Murat dans le Cantal;
Hautes-Alpes.   Calvados.

Ce sont autant de lieux riches en pâturages,
Qui font un beurre exquis et d'excellents fromages.

HUILES. — PRINCIPAUX CENTRES DE PRÉPARATION.

L'olive pressée à froid donne l'huile vierge employée surtout pour la table. Une seconde pression faite à chaud fournit une huile moins fine. Une dernière pression à l'eau bouillante amène un produit de qualité très inférieure qu'on brûle et qu'on utilise dans la fabrication du savon.

L'huile d'œillette s'obtient en écrasant sous des meules ou à la presse hydraulique les petites graines renfermées dans les têtes de pavot. Elle sert dans la peinture pour délayer les couleurs claires. On l'emploie aussi comme aliment et comme éclairage. Elle est moins chère que l'huile d'olive qui est beaucoup plus agréable au goût.

Les graines de lin fournissent une huile dont on use pour l'éclairage et la peinture.

Les graines de colza écrasées rendent une huile qui sert surtout à l'éclairage.

L'huile de noix s'emploie aussi à l'éclairage quand elle n'est que de qualité inférieure. La bonne huile de noix entre dans la préparation des aliments.

4	5	7	2	14
Saint-Pol,	Aire,	Sarlat,	Puget-Théniers,	Cahors,
Pas-de-Calais.	Pas-de-Calais.	Dordogne.	Alpes-Maritimes.	Lot.
Œil., lin, colza.	Œil., lin, colza.	Noix.	Olive.	Noix.

12	6	7	10	24
Grasse,	Brignolle,	Issoire,	Draguignan,	Douai (Nord),
Alpes-Maritim.	Var.	Puy-de-Dôme.	Var.	
Olive.	Olive.	Noix.	Olive.	Œill. et colza.

300	28	26
Marseille,	Les Martigues,	Arras (Pas-de-Calais),
Bouches-de-Rhône.	Bouches-du-Rhône.	

10	11	28	8
Moissac,	Montélimart,	Aix,	Vitry-le-Français;
Tarn-et-Garonne.	Drôme.	Bouches-du-Rhône.	Aube.
Noix.	Noix.	Olive.	Œillette, lin, colza.

6	5	7
Et Manosque,	et Gourdon,	et Castel-Sarrazin,
Basses-Alpes.	Lot.	Tarn-et-Garonne.
Olive.	Noix.	Noix.

Nous fournissent l'olive, ou l'œillette, ou le lin,

Le colza ou la noix font notre huile à manger,
L'huile de l'industrie, comme l'huile à brûler.

TABACS. — MANUFACTURES NATIONALES.

154   84   8   55   20   14
Lille, Strasbourg, Tonneins, Metz, Dieppe, Morlaix,
Nord.   Bas-Rhin.   Lot-et-Garonne. Moselle. Seine-Infér.   Finistère.

127   11   4
Toulouse, Saint-Malo, Saint-Pol (Pas-de-Calais),
Haute-Garonne. Ille-et-Vilaine.

75   300
De plus deux ports de mer, le Hâvre avec Marseille,
Seine-Inférieure.   Bouches-du-Rhône.

Préparent nos tabacs. — L'État règle et surveille
Le débit de la plante apporté par Nicôt [1],
En fixe la culture, y maintient un impôt.

La culture du tabac n'est autorisée que dans une
quinzaine de départements ; le Gouvernement en achète
la récolte qui passe par ses manufactures établies dans
les villes ci-dessus désignées. Le meilleur tabac à fumer
est celui de la Havane. Les priseurs préfèrent celui de
Virginie.

1. Nicôt J. né à Nîmes en 1530. Ambassadeur de François II en
Portugal, il introduisit en France *le tabac* qui fut appelé de son nom
Nicotiane.

POTERIES. — FAÏENCES. — PORCELAINES.

L'argile est un mélange naturel de silice et d'alumine. C'est une terre grasse et onctueuse au toucher, qui, pétrie avec de l'eau, forme une pâte liante capable de prendre toutes les formes. Exposée à l'action d'un feu violent, la pâte d'argile acquiert une grande dureté et devient impénétrable à tous les liquides. Toutes les poteries sont préparées avec l'argile plus ou moins épurée et calcinée à une haute température. En façonnant à la main les terres argileuses grossières on obtient les *briques* qu'on fait sécher dans un four ou à un soleil ardent. On leur donne de la solidité et de la couleur en les faisant cuire.

On fait les *poteries communes*, telles que les pots à fleurs, avec des argiles impures qu'on laisse pourrir plusieurs années dans des fosses. Elles reçoivent leur forme au moyen du *tour à potier* que l'ouvrier met en mouvement avec le pied pendant que la main donne la façon.

Les vaisselles de terre, ont pris le nom de *Faïence*, petit bourg de Provence où elles se fabriquent en grande quantité.

Bernard Palissy, né dans l'Agénois en 1500, a trouvé le secret de composer des émaux diversement coloriés, et de les appliquer sur la faïence.

La plus précieuse des poteries est la *Porcelaine* qui est fournie par une argile particulière, le *kaolin*. Les Chinois et les Japonais, qui possèdent de riches gisements de kaolin, ont fabriqué la porcelaine de temps immémorial.

Ce n'est qu'au commencement du dix-septième siècle que les Européens entreprirent d'imiter ce précieux produit. En 1704, la porcelaine de Chine fut imitée en Saxe.

Quarante ans plus tard, on découvrit en France, à Saint-Yrieix près de Limoges, un gisement de véritable terre à porcelaine. De là la manufacture nationale de Sèvres.

6   7   3   15
Sarreguemines, Toul, Forcalquier, Lunéville.
Moselle.   Meurthe.   Basses-Alpes.   Meurthe.

3   4   10   1/2
Saint-Amand, Dieu-le-Fit, Dole, Contrexeville;
Nièvre.   Drôme.   Jura.   Vosges.

25   21   16   5
Angoulême, Nevers, Beauvais, Rochechouard,
Charente.   Nièvre.   Oise.   Haute-Vienne.
Porcelaine.

2   6   8   6   6
Aire, Gien, Vierzon, Melun, Saint-Léonard,
Pas-de-Calais. Loiret.   Cher.   Cher.   Haute-Vienne.
Porcelaine. Porcelaine. Porcelaine.

53   7   5   12
Limoges, Saint-Yriex, Saint-Gaudens, Épinal,
Haute-Vienne. Haute-Vienne. Haute-Garonne. Vosges.
Porcelaine. Porcelaine.

2   5   5   6   5
Plombières, Creil, Tonnerre, Apt, St-Flour (Cantal),
Vosges.   Oise.   Yonne.   Vaucluse.

6
Sèvres tant renommée, font pour toute la France
Seine-et-Oise.

Poteries, vitraux peints, porcelaine et faïence [1].

1. Faïence : Poterie de terre vernissée. — Porcelaine : Terre fine préparée et cuite sous différentes formes. La porcelaine de Sèvres est très estimée en France et à l'étranger.

SAVONS. — PRINCIPALES FABRIQUES.

10   10   12   61   4

Hazebrouck, Draguignan, Grasse, Amiens, Nyons,
Nord.   Var.   Var.   Somme.   Drôme.

Fabriquent chaque jour des Français les savons;
Mais la production à nulle autre pareille,
Dans tout le monde entier, est celle de Marseille.

On prépare les savons en faisant chauffer et dissoudre,
avec de la potasse ou de la soude, des matières grasses,
liquides ou solides, telles que huile, suif, résine,
graisse. On décante ensuite, et le liquide refroidi donne
le savon.

On y ajoute des essences de lavande, de romarin, etc.,
pour aromatiser, si l'on veut obtenir du savon de toi-
lette.

———

EAUX MINÉRALES ET THERMALES.

PRINCIPAUX ÉTABLISSEMENTS.

1   10   1   3

Plombières, Saint-Amand, Maurs, Bourbonne-les-Bains,
Vosges.   Nord.   Cantal.   Haute-Marne.

2   4   1/2   2

Pougues,   Rêpes,   Luxeuil,   Contrexeville,   Bains,
Nièvre.   Haute-Saône.   Haute-Saône.   Vosges.   Vosges.

3   5   8

Bourbonne-Lancy,   Vals,   Digne,   Château-Gontier,
Saône-et-Loire.   Ardèche.   Basses-Alpes.   Mayenne.

2   3   5   2

Uriage, Saint-Pol, Saint-Pourçain, Monêtier,
Isère.   Pas-de-Calais.   Allier.   Hautes-Alpes.

—

1/4 3 8
Eaux-Bonnes, Balaruc, Prats-de-Mollo, Dinan,
Basses-Pyrénées. Hérault. Pyrénées-Orientales. Côtes-du-Nord.

1/2 1/2 1/4
Bourbonne-l'Archambault, Gréoux, Eaux-Chaudes, Evian;
Allier. B.-Alpes. B.-Pyrénées Savoie.

2 4 2 7
Allevard, Aix-les-Bains, Biarritz, Montbrison,
Isère. Savoie. Basses-Pyrénées. Loire.

3 10 37
Aigueperse, Cambo, Saint-Dié, Forges, Clermont,
Puy-de-Dôme. Basses-Pyrénées. Vosges. Seine-Inférieure. Puy-de-Dôme.

2
Bagnères, Saint-Sauveur, Vaqueyras, Camarès.
Hautes-Pyrénées. Hautes-Pyrénées. Vaucluse. Aveyron.

2S 8 1
Aix, Barrèges, Provins, Le Mazel, Cauterets,
Bouches-du-Rhône. H.-Pyrénées. S.-et-Marne. Lozère. Landes.

2 2 10
Chaudes-Aigues, Néris, Bagnols-les-Bains, Dax,
Cantal. Allier. Lozère. Hautes-Pyrénées.

3 1/2 3 1
Bagnères-de-Luchon, Enghien, Saint-Galmier, Ax,
Haute-Garonne. Seine-et-Oise. Loire. Ariège.

2 2 11 4
Gaillon, Mont-Dore, Vic, Evaux, Riom, Vichy,
Doubs. Puy-de-Dôme. Cantal. Creuse Puy-de-Dôme. Allier.

1 3 4
Arreau, Passy, Saint-Jean; ajoutons Dieu-le-Fit;
Hautes-Pyrénées. Seine. Drôme.

Dieu le fit en effet, et sa bonté divine
A côté de nos maux mit partout la piscine.

———

PRINCIPALES HOUILLÈRES.

Anzin, Béthune, Alais, La Grand-Combe, Vouziers,
Nord. Pas-de-Calais. Gard. Gard. Ardennes.

Bessèges, Saint-Chamond avec Rive-de-Giers;
Gard. Loire. Loire.

Villefranche, Epinac, Blanzy, Monceau-les-Mines,
Aveyron. Saône-et-Loire. S.-et-Loire. Saône-et-Loire.

Drecize, Le Creuzot, Givors, Commentry, Guines;
Nièvre. Saône-et-Loire. Rhône. Allier. Pas-de-Calais.

Saint-Martin, Saint-Etienne, Aubin dans l'Aveyron,
Hautes-Alpes. Loire.

Brassac, Littry, Ronchamp, Brioude, enfin Dijon.
Puy-de-Dôme. Calvados. Haute-Loire. Haute-Loire. Côte-d'Or.

Après de longs efforts, de persistantes fouilles,
La France de ces lieux extrait de riches hôuilles.

—

La houille, appelée aussi *charbon de terre*, a été employée comme combustible par les Belges, dès la dernière moitié du onzième siècle. Elle renferme de 75 à 90 p. 100 de charbon pur, mêlé à des matières bitumeuses, qui, lorsqu'on les chauffe fortement, se dégagent accompagnées de gaz inflammables qui constituent le gaz d'éclairage. Il reste un charbon très dur, très poreux qu'on appelle *coke*.

La houille se trouve à la base des terrains secondaires, tantôt à fleur de terre, tantôt recouverte par des couches de sédiment d'une grande épaisseur. Les mines d'Anzin sont à peu près de 500 mètres au-dessous du sol de la plaine. Celles de Santa-Fé, au contraire, dans les Cordillières, sont à plus de 4000 mètres au-dessus du niveau de la mer. La houille se rencontre ordinairement en couches parallèles et souvent sinueuses d'une épaisseur très variable. Ces couches ont été formées par de grands amas de débris végétaux transportés et amoncelés par les fleuves qui les ont décomposés peu à peu et recouverts de dépôts de terre. Mais pour les houillères où se rencontrent des arbres fossiles debout, carbonisés, on pense que les forêts ont été englouties sous les eaux de la mer par suite d'un affaissement du sol. Telle est la mine de Treuil à Saint-Étienne.

La France renferme de nombreux dépôts de houille, dont quelques-uns sont très importants. Ainsi les mines d'Anzin emploient 4500 ouvriers et donnent, par an, trois millions de quintaux métriques. Les mines d'Angleterre fournissent annuellement près de 80 millions de quintaux métriques; celles de France n'en produisent guère que 10 ou 12 millions.

PRINCIPALES FORGES ET FONDERIES.

24	3		2	32	154
Douai,	Vassy,	Revins,	Hayange,	Dijon,	Lille,
Nord.	Haute-Marne.	Ardennes.	Moselle.	Côte-d'or.	Nord.

4	5	9	10	9
Maubeuge,	Anzin,	Denain,	Givors,	Decazeville;
Nord.	Nord.	Nord.	Rhône.	Aveyron.

Bourges,[30] Conches,[2] Givet,[6] La Chaussade,,[ ] Vouziers,[3]
Cher. — Eure. — Ardennes. — Nièvre. — Ardennes.

Styring,[1] Morteau,[ ] Les Gras,[ ] Le Creuzot,[24] St-Dizier;[8]
Moselle. — Doubs. — Doubs. — Saône-et-Loire. — Haute-Marne.

Toulouse,[127] Commentry,[10] Villefranche,[10] Chaumont;[8]
Haute-Garonne. — Allier. — Aveyron. — Haute-Marne.

Rochechouart,[4] Tullin,[5] Lorient,[38] Saint-Chamont;[12]
Haute-Vienne. — Isère. — Morbihan. — Loire.

Rive-de-Gier,[14] Cernay,[4] Vierzon,[8] Ars-Moselle,
Loire. — Haut-Rhin. — Cher. — Moselle.

Tarascon,[2] Montluçon,[19] Cosne,[6] Allevard,[3] *Ruelle;*[2]
Ariège. — Allier. — Nièvre. — Isère. — Charente.

Fourchambault,[5] Châtillon,[5] Charolles,[3] Saint-Calais,[2]
Nièvre. — Côte-d'Or. — Saône-et-Loire. — Sarthe.

Audincourt,[3] Romilly,[1] Foix,[7] Saint-Étienne,[97] Alais;[20]
Doubs. — Eure. — Ariège. — Loire. — Gard.

Prats-de-Mollo, Donzy,[4] Fontaine,[1] Villefort,[2]
Pyrénées-Orientales. — Nièvre. — Côte-d'Or. — Lozère.

Rives-en-Dauphiné,[3] Massat,[7] et Rochefort.[30]
Isère. — Ariège. — Charente-Inférieure.

C'est sur ces divers points que se sont établies
Nos usines à fer, nos grandes fonderies,
Qui, sous l'action du feu et par les hauts fourneaux,
Donnent le fer, l'acier, épurent les métaux.

Le Creuzot est le plus important des établissements métallurgiques de France. Il possède 17 hauts fourneaux alignés les uns à côté des autres, et qui, la nuit, présentent l'aspect d'une immense fournaise.

— Nos fers les plus renommés sont ceux des Pyrénées et du Berry.

— Nos fonderies de canons sont établies près des villes dont les noms sont en caractères *italiques* ci-dessus.

MANUFACTURES D'ARMES A FEU, D'ARMES BLANCHES. — COUTELLERIES.

97	7	4	20
Saint-Etienne,	**Mutzig,**	**Charleville,**	**Moulins,**
Loire.	Nord.	Ardennes.	Allier.
Armes à feu.	Armes à feu.	Armes à feu.	Coutellerie.

8	14	19	172
Langres,	**Chatellerault,**	**Thiers,**	**Klingenthal (Bas-Rhin).**
H.-Marne.	Vienne.	Puy-de-Dôme.	
Coutellerie.	Coutellerie.	Coutellerie.	Armes blanches.

Maubeuge (dans le Nord), arment tous nos soldats,
Nos chasseurs, nos bouchers, même nos scélérats.

PRINCIPALES PLACES ET VILLES FORTES.

55	3	85	7	84
Metz,	**Montmédy,**	**Toulon,**	**Thionville,**	**Strasbourg,**
Moselle.	Meuse.	Var.	Moselle.	Bas-Rhin.

10   8   42
Schelestad, et Belfort, Château de Joux, Cherbourg,
Bas-Rhin.   Haut-Rhin.   Doubs.   Manche.

22   5   25   4
Saint-Omer, Wissembourg, Perpignan, Briançon,
Pas-de-Calais.   Bas-Rhin.   Pyrénées-Orientales. Hautes-Alpes.

1/4   6   47
Bellegarde, Queyras, Antibes, Besançon.
Pyrénées-Orient. Hautes-Alpes. Alpes-Maritimes.   Doubs.

24   7   5   5   24
Valenciennes, Maubeuge, Aire, Doullens, Douai.
Nord.   Nord.   Pas-de-Calais. Somme.   Nord.

2   6   6   3   3   25
Ham, Mézières, Givet, Rocroi, Longwi, Cambrai,
Somme.   Ardennes.   Ardennes. Ardennes.   Moselle.   Nord.

40   1   22   4
Grenoble, Mont-Louis, Bastia, Collioure, Embrun,
Isère.   Pyrénées-Orientales. Corse.   Pyrénées-Orient. Hautes-Alpes.

2   2   1   5   12
Lauterbourg, Neubrisach, Navarren, Blaye, Verdun ;
Bas-Rhin.   Haut-Rhin.   Basses-Pyrénées. Gironde.   Marne.

38   3   2   4
Lorient, Port-Louis, Port-Vendres, Mont-Dauphin,
Morbihan.   Morbihan.   Pyrénées-Orientales.   Hautes-Alpes.

26   2   5   3
Arras, Saint-Jean-de-Port, Saint-Jean-de-Luz, Hesdin ;
P.-de-Cal.   Basses-Pyrénées.   Basses-Pyrénées.   P.-de-Cal.

3   2   15   75   10   5
La Fère, Ardres, Sedan, Le Havre, Laon, Péronne,
Aisne.   Pas-de-Calais. Ardennes. Seine-Inférieure. Aisne.   Somme.

3   3
Grandville, Carentan, Bonifacio, Auxonne ;
Manche.   Manche.   Corse.   Côte-d'Or.

4   19
La Hogue avec Phalsbourg, puis enfin La Rochelle
Meurthe.   Meurthe.   Charente-Inférieure.

Font autour de la France en tout temps sentinelle.
L'État les a pourvus d'un matériel de mort,
Capable d'écraser l'ennemi le plus fort ;
Mais le terrible appui de chaque forteresse,
C'est le soldat français, sa valeur, son adresse.

PRINCIPAUX PORTS DE MER.

300   11   80   40
Marseille, Saint-Malo, Brest, Boulogne-sur-Mer,
B.-du-Rhône.   Ille-et-Vilaine.   Finistère.   Pas-de-Calais.

3   10   8   80
Saint-Tropez, La Ciotat, Les Martigues, Quimper ;
Var.   B.-du-Rhône.   Bouches-du-Rhône.   Finistère.

35   30   3   13
Dunkerque, Rochefort, Saint-Jean-de-Luz, Calais,
Nord.   Charente-Inférieure.   Basses-Pyrénées.   Pas-de-Calais.

7   21   2   6   44
Cannes, Cette, Fréjus, Gravelines, Morlaix.
Var.   Hérault.   Var.   Pas-de-Calais.   Finistère.

50   6   4   112   4   85
Nice, La Seyne, Auray, Nantes, Paimbœuf, Toulon,
Alpes-Mar.   Var.   Morbihan.   Loire-Infér.   Loire-Inférieure.   Var.

3   38   19   6
Cancale, Lorient, Saint-Nazaire, Redon ;
Ille-et-Vil.   Morbihan.   Loire-Inférieure.   Ille-et-Vilaine.

1   2   5   194
Leucate, Quillebœuf, Saint-Valéry, Bordeaux,
Aude.   Eure.   Seine-Inférieure.   Gironde.

15   20   42   7   8
Vannes, Dieppe, Cherbourg, Quimperlé, Landerneaux,
Morbihan.   Seine-Infér.   Manche.   Finistère.   Finistère.

20 . . . 7 . . . 2
Abbeville, Lannion, Fouesnant (Finistère),
Somme. . . Côtes-du-Nord.

2 . . . 2 . . . 5 . . . 8
Quiberon, Concarneau, Blaye, Carentan, Hyère;
Morbihan. . . Finistère. . . Gironde. . . Manche. . . Var.

19 . . . 4 . . . 4 . . . 10
La Rochelle, Jarnac, La Teste, Saint-Servan,
Charente-Inférieure. Charente. . . Gironde. . . Ille-et-Vilaine.

2 . . . 3 . . . 16 . . . 1 . . . 4
Étaples, Châteaulin, Saint-Brieuc, Tréguier, Royan;
Pas-de-Cal. . . Finistère. . . Côtes-du-Nord. Côtes-du-Nord. Char.-Infér.

6 . . . 2 . . . 2 . . . 10
Antibes, Collioure, Calvi, Grandville, Honfleur.
Alpes-Marit. Pyrénées-Orient. Corse. . . Manche. . . Calvados.

7 . . . 3 . . . 15 . . . 2
Les Sables, La Tremblade, Ajaccio, Harfleur,
Vendée. . . Charente-Inférieure. . . Corse. . . Seine-Inférieure.

2 . . . 12 . . . 75 . . . 2
Porto-Vecchio, Fécamp, Le Havre, Le Croisic,
Corse. . . Seine-Inférieure. Seine-Inférieure. Loire-Inférieure.

4 . . . 3 . . . 3 . . . 2
Tréport, et Port-Louis, et Port-Vendres, Pornic,
Seine-Infér. . . Morbihan. . . Pyrénées-Orientales. Loire-Inférieure.

Voilà nos plus grands ports, marchands ou militaires,
Où des peuples divers se traitent les affaires.

PRINCIPALES VERRERIES.

Dans l'antiquité la plus reculée on connaissait l'art
de fabriquer le verre, de le tailler. Le livre de Job et
celui des Proverbes en parlent. Les ornements des mo-

mies égyptiennes en possédaient, Théophraste (370 ans avant J.-C.), parle des verreries phéniciennes situées à l'embouchure du fleuve Bélus.

Le verre a été connu des Romains plus de 200 ans avant Jésus-Christ. Du temps de Pline, des verreries se sont établies en Gaule et en Espagne. Plus de deux siècles après la venue du Sauveur, l'empereur Alexandre Sévère leur assigna un quartier spécial à Rome.

Les Arabes connaissaient la fabrication du verre que leur avaient transmise les anciens. En Europe, ils établirent à Venise les premières verreries.

Les Vénitiens découvrirent au troisième siècle l'art d'étamer les glaces.

L'art de graver le verre a été découvert vers le milieu du dix-septième siècle par l'Allemand Lehmann.

Le verre se fait avec du sable, de la potasse ou de la soude et de la chaux. On met ces matières dans un creuset et on les expose pendant plusieurs heures à l'action d'un feu lent. Les verres de vitre où de gobelet se font surtout avec la soude. Pour fabriquer les vitres le souffleur prend de la matière fondue au bout d'une longue canne creuse en fer. Il souffle une boule comme on fait des bulles de savon avec un chalumeau de paille; puis il augmente cette boule en la replongeant dans le creuset et en soufflant à plusieurs reprises. Après cela, il fait tourner sa canne comme une fronde, ensuite il fend la boule de verre dans sa longueur au moyen d'un tranchant en fer mouillé dans l'eau froide. Ainsi préparé et exposé au feu le verre s'étend en lame carrée qui s'aplanit au moyen d'un rouleau.

Pour les bouteilles on se sert de sable ferrugineux qui donne au verre une couleur foncée. Le souffleur fait tourner plusieurs fois sa canne et la boule de verre formée à l'extrémité; il fait de plus entrer cette boule dans un moule pour obtenir la panse et le renfoncement du fond. Le col se produit par le poids de la masse qui, dans le mouvement de fronde, tire en bas la matière encore liquide.

Les verres, les carafes, les flacons à dessin en relief, les baguettes sont soufflés ou coulés dans un moule.

Tous ces produits doivent être placés dans un four de recuit, à compartiments inégalement chauds où ils se refroidissent par gradation.

On taille à la meule et on polit à l'émeri les verres à facettes.

(Figuier et Garrigues.)

3   4   20

Château-Salins, Bazas, Alais, et Monthermée.
   Meurthe.   Gironde.   Gard.   Ardennes.

8   10

Mont-de-Marsan, Givors, et Faymoreau (Vendée).
   Landes.   Rhône.

4   5

Puis Sainte-Menehould, Les Essarts, et Blanzy.
     Marne.   Vendée.   Saône-et-Loire.

16   1   11   17

Montluçon, Épinac, Rive-de-Gier, Clichy.
 Allier.   Saône-et-Loire.   Loire.   Seine.

3   3   1   2

Aniche, Baccarat, Saint-Louis, Saint-Gobain,
 Nord.   Meurthe.   Moselle.   Aisne.

Et Penchot font le verre avec du sable fin.
  Aveyron.

———

CARRIÈRES DE MARBRE.

4	5	11	4	7
Avesnes,	Poligny,	Dôle,	Guines,	Saint-Pons,
Nord.	Jura.	Jura.	Pas-de-Calais.	Hérault.
		Marbre rouge.		

14	3	12		5
Ajaccio,	Campan,	Narbonne	et	Saint-Girons,
Corse.	Hautes-Pyrénées.	Aude.		Ariège.
	Marbre vert.	Marbre rouge.		

Là, comme dans la Manche, un marbrier fait emplette
Du bloc qu'il convertit en statue, en tablette.

PAPETERIES.

Le Papier.... Le papyrus est une plante qui croissait
autrefois avec abondance dans les marais de l'Égypte.
C'est avec cette matière que les Égyptiens préparèrent
les premières feuilles propres à recevoir les caractères.
C'est en Orient que l'on a préparé pour la première fois
le papier proprement dit. Les Chinois le fabriquaient
au moyen de la soie; les Japonais avec le coton, le
chanvre, l'écorce du murier et la paille de riz.

Les procédés de fabrication du papier furent transportés d'Orient en Espagne par des manufacturiers
arabes, vers le onzième siècle. Ils ne tardèrent pas à
être appliqués dans tout l'Occident.

Postérieur au papier de coton, le papier de lin n'a pas
été fabriqué avant l'an 1300. Dans les manufactures de
l'Europe on fut naturellement conduit à substituer le
lin au coton cru, qui, dans les premiers temps et d'a-

près les procédés des Arabes, servait à la confection du papier. Seulement, au lieu d'employer la matière végétale crue, on fit usage du chiffon de toile. Ces chiffons hachés, bouillis dans l'eau et maintenus dans une sorte de fermentation, étaient ainsi amenés à former une pâte propre à être convertie en papier. Les premiers papiers qui furent fabriqués en Europe étaient destinés à l'écriture; ils avaient beaucoup de corps et étaient collés. On ne commença qu'au seizième siècle à imprimer des livres sur du papier sans colle; aussi, dès ce moment, le prix du papier destiné à l'impression diminua-t-il de moitié. Au dix-septième et au dix-huitième siècle la fabrication du papier prit en France et en Allemagne de grands développements.

La découverte de la fabrication du papier au moyen de machines, c'est-à-dire du papier dit à la mécanique, est due à un Français, nommé Louis Robert, employé à la papeterie d'Essonne. En 1799, Louis Robert imagina une série d'appareils mécaniques permettant de produire des feuilles de papier d'une longueur indéfinie sur une largeur déterminée. L'inventeur obtint du gouvernement français, pour toute récompense, une somme de 8000 francs.

Didot Saint-Léger, propriétaire de la papeterie d'Essonne, acheta le brevet d'invention de Robert, partit pour l'Angleterre où il perfectionna l'importante invention et obtint la réussite définitive de l'admirable machine qui sert aujourd'hui à la fabrication du papier continu.

En 1814, il importa en France cette machine perfectionnée. On fabrique aujourd'hui le papier avec des chiffons de fil ou de coton, ou avec de vieux papiers. Ces chiffons sont d'abord triés en différentes catégories, suivant leur nature, leur degré de finesse, de bonne conservation ou de propreté. On les abandonne au pourrissage pendant un certain temps, puis on les divise dans des cuves à l'aide de cylindres armés de lames tranchantes et animés d'un mouvement de rotation. On obtient ainsi une pâte grise qu'on blanchit par le chlore; c'est avec cette pâte qu'on fait le papier. On a longtemps employé exclusivement le procédé de fabrication dit *à la main* ou *à la forme*. Le papier se moulait alors dans des espèces de cadres ou formes, en fil de laiton; la plaque de pâte égouttée était ensuite pressée entre des bandes de flanelle, puis séchée à l'étuve.

Les mécaniques fort compliquées qu'on emploie maintenant fabriquent le papier sous la forme d'une longue bande de pâte, supportée par une bande plus large de flanelle; cette bande passe sur des cylindres chauffés à l'intérieur; elle s'y dessèche, et, en arrivant à l'extrémité de la machine s'enroule sur un grand rouleau.

Les papiers à écrire sont toujours enduits d'un encollage qui les empêche de boire l'encre, c'est-à-dire d'être imbibés par elle au delà des limites du trait formé par la plume.

Pour le papier à forme, l'encollage s'obtient en plongeant les feuilles encore molles dans un bain tiède formé d'une dissolution d'alun épaissie par de la gélatine. Cet encollage est tout superficiel.

Pour le papier à la mécanique, la pâte est à l'avance encollée avec de l'amidon auquel on a mêlé une certaine proportion de résine.

Les papiers faits avec des chiffons de lin ou de chanvre, sont beaucoup plus résistants que ceux que l'on fabrique avec le coton.

La laine, la soie et en général les matières animales,

sont impropres à la fabrication du papier. On peut cependant en introduire une petite quantité dans la pâte sans grand inconvénient.

La pâte des gros papiers qui servent à faire des sacs ou des enveloppes de paquets contient une assez grande quantité de paille hachée et de filasse, qui lui donnent beaucoup plus de solidité. Ordinairement ces papiers ne reçoivent pas d'encollage.

Le papier à décalquer ou papier végétal est fait avec la filasse de lin ou de chanvre, prise en vert.

Le carton se fabrique avec de vieux papiers qu'on remet en pâte, puis que l'on moule en plaques un peu épaisses; on fait ensuite adhérer ces plaques les unes aux autres en les soumettant à l'action de la presse.

(Figuier et Garrigues.)

PRINCIPALES PAPETERIES.

18	5	25	16	12
Annonay,	Pontarlier,	Vienne,	Thiers,	Épinal,
Ardèche.	Doubs.	Isère.	Puy-de-Dôme.	Vosges.

7	3	7	5	4
Vire,	Mortain,	Sarlat,	Saint-Gaudens,	Sourdeval,
Calvados.	Manche.	Dordogne.	Haute-Garonne.	Manche.

8	7	13	8	12
Montargis,	Saint-Junien,	Tulle,	Ambert,	Bergerac,
Loiret.	Haute-Vienne.	Corrèze.	Puy-de-Dôme.	Dordogne.

2	16	25		6
Rives,	Tarbes,	Angoulême,	Essonne,	Loudéac.
Isère.	Hautes-Pyrénées.	Charente.	Seine-et-Oise.	Côtes-du-Nord.

17	4	
Castres et	Le Marais,	Bellac, de nos chiffons
Tarn.	Seine-et-Marne.	Haute-Vienne.

Produisent des papiers de diverses façons.

INDUSTRIES PARTICULIÈRES.

Les soieries légères se font à Nîmes (Gard);

Les rubans, à Saint-Étienne et dans le Haut-Rhin;

Les étoffes d'ameublement, à Tours;

Les châles, à Lyon, à Nîmes;

Les tapisseries, à Aubusson (Creuse), à Nîmes, à Tourcoing (Nord), et dans les grandes manufactures nationales des Gobelins, de Paris et de Beauvais;

La broderie se fait à Nancy et dans les Vosges;

La chapellerie, dans les grandes villes;

L'horlogerie, la bijouterie, à Paris et à Besançon;

La parfumerie, en Provence où l'on cultive les fleurs les plus odoriférantes, à Neuilly, etc.;

Les sabots sont faits dans le voisinage des forêts et particulièrement dans la Lozère et à Nantes;

Les meubles des maisons nous sont fournis par l'ébénisterie de Paris, de Bordeaux, de Lyon et de plusieurs autres grandes villes;

L'imprimerie se fait en grand à Paris et environs, à Tours, à Lyon, à Marseille, à Limoges, à Avignon, à Carpentras, à Digne, à Toulouse, à Bordeaux, à Lille, à Strasbourg. Tous nos chefs-lieux de département et quelques chefs-lieux d'arrondissement, possèdent aussi des imprimeries;

La gravure et la lithographie, pour tous les genres, s'exercent surtout à Paris;

La photographie est aujourd'hui répandue dans toutes les villes;

Les papiers peints nous viennent de Paris et du Haut-Rhin.

Les images sont fournies par Épinal, par Metz, etc.;

Les instruments de précision qui servent aux astronomes et aux physiciens se font à Paris;

Les instruments de musique sont fabriqués à Paris, à Château-Thierry (Aisne), à Mirecourt (Vosges).

PRODUITS OU COMESTIBLES QUI, EN LEUR ESPÈCE, SONT LES PLUS RECHERCHÉS DE FRANCE.

Le beurre d'Isigny (Calvados);
Les huîtres de Cancale (Ille-et-Vilaine);
Les écrevisses de Nogent-le-Rotrou (Eure-et-Loir):
Les saucissons d'Arles (Bouches-du-Rhône);
Les olives de Draguignan (Var);
Les pâtés de Chartres (Eure-et-Loir);
La charcuterie de Troyes (Aube);
Les jambons de Bayonne (Basses-Pyrénées);
Les légumes de Seine-et-Oise:
L'huile d'olive d'Aix (Bouches-du-Rhône);
Le vinaigre d'Orléans (Loiret);
La moutarde de Dijon (Côte-d'Or);
Les artichauts de Laon (Aisne);
Les truffes de Sarlat (Dordogne);
Les pains d'épices de Reims (Marne);
Les haricots de Soissons (Aisne):
Le veau de Pontoise (Seine-et-Oise);
Les poulardes du Mans (Sarthe);
La volaille de Bourg (Ain);
Le gibier d'Hagetmeau (Landes);
Les macarons de Montmorillon (Vienne);
Les confitures de Bar-le-Duc (Meuse);

Le nougat de Montélimart (Drôme) :
Les dragées de Verdun (Meuse) ;
Le miel de Narbonne (Aude) ;
Les châtaignes de la Châtre (Indre) :
Les marrons de Lyon (Rhône) ;
Le fromage de Meaux (Brie — Seine-et-Marne) :
Les pruneaux de Tours (Indre-et-Loire) ;
Les prunes (d'Ente) d'Agen (Lot-et-Garonne) ;
Les cerises de Montmorency (Seine-et-Oise) ;
Les fruits secs de Castellane (Basses-Alpes).

Recommandez à votre cuisinier d'apprendre ce chapitre
par cœur !!!!

TABLE DES MATIÈRES

LES VEILLES

D'UN INSPECTEUR PRIMAIRE

———

Je donne le titre ci-dessus à l'ensemble des écrits que j'ai faits, depuis trente ans, pendant les soirées laissées libres par mes occupations de fonctionnaire. Ma double qualité de père de famille et d'inspecteur primaire me mettant en rapport quotidien avec l'enfance que les fonctions d'instituteur m'ont appris à connaître et à aimer, j'ai éprouvé le besoin de contribuer à son éducation et à son instruction, même par l'emploi de mes *veilles*.

Les personnes qui, jusqu'ici, ont mis entre les mains de leurs élèves ceux de mes écrits qui ont été publiés, à ce jour, ont bien voulu déclarer avec empressement que j'avais atteint mon but. Ces témoignages sont un précieux dédommagement de mes efforts et de mes sacrifices, et me persuadent que mes travaux imprimés ont quelque utilité pour la jeunesse.

Quant à ceux de mes ouvrages qui restent encore manuscrits, et qui pourtant sont prêts à être mis sous presse, on pourra juger de l'intérêt qu'ils offrent, par leur titre ci-après indiqué. Cet intérêt paraît d'autant plus vif qu'ils sont jusqu'ici, pour l'ensemble, les seuls de leur espèce, et qu'ils répondent aux besoins de notre époque, en mettant sous les yeux des jeunes gens les noms et les actes des personnes dont le génie, les talents et les vertus ont tant contribué à la gloire de notre grande nation française.

Ces biographies offrent à nos jeunes lecteurs de chaque condition des modèles frappants de travail, de conduite, de patriotisme, de dévouement.

Nos provinces, nos départements et nos villes, y voient, avec un légitime orgueil, exposer au public français l'origine et la vie des hommes qui les ont illustrés et dont les notices sont restées, jusqu'ici, éparses et enfouies dans les volumineuses biographies générales.

On comprendra facilement que de semblables travaux ont exigé de ma part beaucoup de temps, d'efforts et de recherches, et que, s'ils n'ont pas d'autre mérite, ils ont au moins celui d'une persévérance soutenue pendant de longues années.

Mes livres publiés à ce jour, sont :

1° *Le petit Livre des Élèves*, particulièrement des enfants qui quittent le syllabaire, 1 vol. in-18 ; prix 0 fr. 25 cent. *Franco*, par la poste 0 fr. 35 cent.

Faciliter le travail des Instituteurs et des Institutrices en le préparant ; obtenir des élèves des progrès rapides au moyen de leçons simples, graduées, intéressantes ; leur communiquer les notions utiles : tel a été le but que s'est proposé l'auteur. Le *Petit Livre* (avantageux surtout pour les écoles nombreuses, en ce que le travail du maître ou du moniteur est tout préparé) apprend, en même temps et sans effort à l'enfant, la lecture, les premières notions de grammaire française, de calcul, d'histoire sainte et de géographie.

2° *L'ami des Enfants*, ou choix de lectures morales, instructives et amusantes. 1 vol. in-18 ; prix : 0 fr. 60 cent. *Franco*, par la poste, 0 fr. 70.

Cet ouvrage fait naturellement suite au précédent. Il se recommande par les approbations de NN. SS. les archevêques de Bordeaux et d'Aix, et les évêques de Valence et de Gap.

3° *Le Manuel du Jeune Homme* qui veut se perfectionner. 1 vol. in-18 ; prix : 0 fr. 40 cent. *Franco*, par la poste, 0 fr. 50 cent.

Ce manuel se compose d'entretiens courts, mais concluants, sur les principales qualités qu'un jeune homme doit s'appliquer à acquérir, sur les principaux dangers qu'il doit s'attacher à éviter. Il se termine par les conditions d'admission à diverses écoles, à diverses fonctions auxquelles peut aspirer l'élève de l'école primaire, conditions que les familles et les jeunes gens sont bien aises de connaître quand arrive le moment de se prononcer pour une carrière.

4° *Le Dictionnaire portatif de la Jeunesse*, contenant l'explication de 600 locutions françaises. 1 vol. in-32 ; prix : 0 fr. 30 cent. *Franco*, par la poste, 0 fr. 40 cent.

5° *Entretiens pédagogiques avec les Instituteurs et les Institutrices*, ouvrage muni de l'approbation de M. Dunan, inspecteur d'Académie à Angoulême.

6° *Histoire de France en 1,400 vers alexandrins*, suivi de la *France industrielle*, en 400 vers, avec notes.

Mes ouvrages manuscrits, à ce jour, sont :

1° *La Biographie des Philosophes et Littérateurs français célèbres.* — Grammairiens, Professeurs, Traducteurs, Orateurs, Critiques, Compilateurs, Ecrivains, Erudits, Ingénieurs, Naturalistes, Botanistes, Antiquaires, Numismates, Géographes, Archéologues, Minéralogistes, Agronomes, Géologues.

2° *La Biographie des Guerriers français célèbres.* — Ministres de la guerre, Maréchaux, Généraux, Colonels et autres militaires de tout grade.

3° *La Biographie des Ecclésiastiques français célèbres.* (Clergé régulier et Clergé séculier.) — Papes, Légats, Cardinaux, Archevêques, Évêques, Chanoines, Curés, Prêtres, Abbés, Prieurs, Aumôniers, Missionnaires, Religieux, Moines, Capucins, Ermites.

4° *La Biographie des Magistrats français célèbres.* — Magistrats, Jurisconsultes, Avocats.

5° *La Biographie des Médecins français célèbres.* — Médecins, Chirurgiens, Pharmaciens, Anatomistes, Chimistes.

6° *La Biographie des Mathématiciens français célèbres.* — Géomètres, Physiciens, Astronomes, Arithméticiens, Astrologues.

7° *La Biographie des Historiens français célèbres.* — Historiens, Historiographes.

8° *La Biographie des Poètes français célèbres.* — Poètes français et latins, Troubadours, Trouvères, Chansonniers, Romanciers, Auteurs comiques et tragiques.

9° *La Biographie des Voyageurs et Marins français célèbres.* — Ministres de la marine, Amiraux, Vice-Amiraux, Voyageurs, Navigateurs, Armateurs, Capitaines de vaisseau, Marins de tout grade.

10° *La Biographie des Artistes français célèbres.* — Peintres, Dessinateurs, Graveurs, Sculpteurs, Statuaires, Compositeurs, Musiciens, Architectes, Machinistes, Acteurs, Actrices.

11° *La Biographie des Femmes françaises célèbres.*

12° *La Biographie des Parisiens célèbres.* (Comprenant tout le département de la Seine.)

13° *La Biographie des Hommes célèbres* des autres département de l'Ile-de-France.

14° *La Biographie des Dauphinois célèbres.*

15°   *Id.*   *des Provençaux célèbres.*

16°   *Id.*   *des Lyonnais célèbres.*

17°   *Id.*   *des Poitevins célèbres.*

18°   *Id.*   *des Languedociens célèbres.*

19°   *Id.*   *des Auvergnats célèbres.*

20°   *Id.*   *des Normands célèbres.*

21° *La Biographie des Lorrains célèbres.*

22° Id. *des Alsaciens célèbres.*

23° Id. *des Champenois célèbres.*

24° Id. *des Gascons célèbres.*

25° Id. *des Comtois célèbres.*

26° Id. *des Artésiens célèbres.*

27° Id. *des Picards célèbres.*

28° Id. *des Orléanais célèbres.*

29° Id. *des Bretons célèbres.*

30° Id. *des Bourguignons célèbres.*

31° Id. *des Savoyards célèbres.*

32° Id. *des hommes célèbres des départements* non compris dans les précédentes Provinces.

Nota. — Les biographies qui précèdent au nombre d'environ quatre mille, font connaître, par ordre alphabétique et pour chaque département, les noms, prénoms, lieu d'origine, dates de naissance et de décès des personnes, leurs fonctions successives, les ouvrages qu'elles ont produit ainsi que les événements les plus saillants de leur vie. Ces biographies ne s'occupent que des personnes défuntes et s'arrêtent à 1866.

33° *Les chants moraux d'Agnoutine ou de la bergère des Alpes.*

34° *Le trésor des Familles* ou les cent petits secrets d'une mère pour la guérison, sans frais, de ses enfants et autres personnes chères.

35° *La Vie des Saints et des Saintes,* originaires de la France, qui ont édifié ce pays depuis l'avènement du Sauveur jusqu'à nos jours (1836).

36° *Le Panorama des villes capitales du monde,* accompagné de celui des villes de France, chefs-lieux de départements ou dont la population excède 10,000 âmes.

37° *La Géographie des Hautes-Alpes,* ou Recueil de notes

détaillées sur chaque commune de ce département (ordre alphabétique).

38° *L'histoire Sainte* en vers avec explication.

MARITAN,

Inspecteur primaire de 1re classe, Officier de l'instruction publique.

NOTA. — Les demandes affranchies sont reçues par l'auteur ou par son fils, à Château-Queyras (Hautes-Alpes).

Paris. — Imp. E. Capiomont et V. Renault, rue des Poitevins, 6.